RAINER KORTE

LEISE STIMMEN AUS DER TIEFE

Nach-denkliches
in römischen Katakomben

LIBRERIA EDITRICE VATICANA
00120 CITTÀ DEL VATICANO

Ein herzliches Vergelt's Gott:

– meinen Salesianer-Mitbrüdern in den Kallixtus-Katakomben, die mir geduldig und verständnisvoll zusammen mit unseren Mitarbeiterinnen und Mitarbeitern den notwendigen Freiraum für dieses Buch zur Verfügung gestellt haben. Besonders danken möchte ich hier dem Direktor don Giovanni Del Col und meinem Freund Prof. Dr. don Antonio Baruffa für manche wertvolle Anregung.

– den Benediktinerinnen der Priscilla-Katakombe, vor allem Suor Francesca, und den Barmherzigen Brüdern von Mariahilf in der Domitilla-Katakombe, hier besonders Br. Arno: sie haben mir großzügig viel Zeit geschenkt.

– der Päpstlichen Kommission für Sakrale Archäologie mit ihrem Vorsitzenden S.Exz. Erzbischof Francesco Marchisano und ihrem Sekretär Prof. Dr. Fabrizio Bisconti für die Erlaubnis zur Verwendung der Archiv-Fotos.

– den freundlichen und interessierten Besuchern der Kallixtus-Katakomben, von denen die Anregung zur schriftlichen Fassung dieser Gedanken stammt.

P. Dr. Rainer Korte SDB

Die Fotos stammen von:

– don Antonio Chung SDB (5)

– Dr. Paul de Maeyer (3)

– Archiv der Päpstlichen Kommission für Sakrale Archäologie.

Umschlagfoto: Gangkreuzung in den Domitilla-Katakomben.

Tel. (06) 698.85003 - Fax (06) 698.84716

ISBN 88-209-2574-5

VORWORT

Jahr für Jahr faszinieren die Katakomben des alten Rom Hunderttausende von Besuchern. Diese unterirdischen Friedhöfe der römischen Christen in der Frühzeit der Kirche sind nicht nur eine der touristischen Sehenswürdigkeiten der Ewigen Stadt. Viele an Kunst und Geschichte interessierte Besucher erleben in ihnen auch außergewöhnliche Denkmäler aus den 'Zeiten der alten Römer' in den ersten nachchristlichen Jahrhunderten. Darüberhinaus finden glaubende und suchende Menschen hier bewegende Spuren des einen gemeinsamen Glaubens der Christen, und wahrlich Orte, die durch das Lebens- und Glaubenszeugnis sovieler Schwestern und Brüder in den damaligen blutigen Verfolgungen geheiligt sind. Für sie vor allem, aber auch für jeden, der ein wenig unter die Oberfläche gehen und lauschen möchte auf die Botschaften aus längst vergangenen Jahrhunderten, auf die leisen Stimmen aus der Tiefe, ist dieses Buch als Erinnerung oder zur Einstimmung auf einen Besuch geschrieben.

In der Einführung findet der Leser Informationen über Entstehung und Geschichte, Aufgabe und Bedeutung der unterirdischen Christenfriedhöfe, ebenso eine Kurzvorstellung der Katakomben, welche derzeit besichtigt werden können und aus denen das Fotomaterial stammt. Die dann folgenden Kapitel bieten dem Leser eine kleine Auswahl aus der reichen Fülle dessen an, was ihn bei einem Katakombenbesuch — im doppelten Sinn des Wortes — ansprechen kann. Die Bildbetrachtungen sind nach folgendem Aufbau geordnet:

Nach ersten Eindrücken durch die baulichen Gegebenheiten steht zunächst Jesus Christus im Mittelpunkt, sowie der Glaube der frühen Christen an Ihn und Seine Frohbotschaft, der in ihren Symbolen zum Ausdruck kommt. Die Fresken mit Szenen aus dem Alten und dem Neuen Testament deuten für die damaligen Menschen den Glauben an Christus als Verheißung und als Erfüllung des Heils. Noch unvollkommen fanden die Künstler diese Glaubensverheißung auch in Motiven heidnischer Mythen und Sagen und bildeten sie in Schlüsselszenen ab. Zeugen für die Tragfähigkeit dieses Glauben sind die Päpste und Martyrer, aber auch die vielen 'einfachen' Christen, welche damals in den Katakomben zur Ruhe gebettet wurden. Den Abschluß bildet die Gegenüberstellung heidnischer und christlicher Botschaft vom Leben aus dem Glauben und von dem, was darauf folgt.

Anläßlich des großen Jubiläumsjahres bietet hier der Autor, seit Jahren in den Kallixtus-Katakomben tätig, seine persönlichen Erfahrungen und Deutungen in den Katakomben offenen und interessierten Lesern an, Jugendlichen wie Erwachsenen, gleichsam als einen 'geistlichen Wegbegleiter durch die römischen Katakomben' zum Meditieren und Nach-Denken. Die leisen Stimmen aus der Tiefe sollen hörbar und nachvollziehbar werden, damit der Besucher wie auch der Leser eine — seine — persönliche Antwort darauf finden kann, auch über das Jahr 2000 hinaus.

1

Die frühchristlichen Katakomben Roms - eine kurze Einführung

Im alten Rom war es Gesetz, daß innerhalb der Stadtmauern keine Verstorbenen bestattet werden durften. Die Allgemeinheit nutzte die Nekropolen außerhalb der bewohnten Stadt für die Beisetzungen. Ab dem 1. Jhdt. n.Chr. entstanden aber zusätzlich auch unterirdische Friedhöfe als private Grablegen der Reichen und des Adels für die Urnen mit der Asche von Familienangehörigen oder von verdienten Freigelassenen, zumeist entlang oder in der Nähe der großen Ausfallstraßen aus Rom. Diese Privatfriedhöfe hatten keine sonderlich großen Ausmaße: allenfalls ein paar kurze Gänge verbanden einige Grabkammern, wenige Meter unter der Oberfläche.

Die Apostel Paulus und Petrus wurden bei ihrer Ankunft in Rom bereits von einer blühenden kleinen Christengemeinde empfangen. Zwar fand der neue Glaube auch Anhänger im Bürgertum, sogar im Adel, aber es war vor allem das arme und einfache Volk sowie die Sklaven, die sich taufen ließen. Diese ersten Christen im Rom hatten keine eigenen Grablegen. So mußte die Gemeinde ihre Verstorbenen und die Opfer der ersten Verfolgungen in den öffentlichen Nekropolen zur Ruhe betten, wie z.B. den hl. Petrus auf dem Vatikanhügel oder den hl. Paulus an der Straße nach Ostia. Aus dieser Situation ergaben sich einige schwerwiegende Probleme für die Christen. Das damals sehr buchstäbliche Verständnis des Glaubens an die Auferstehung erforderte die Bestattung der ganzen Körper, und dies warf Platzfragen auf. Zudem endet die liebende Gemeinschaft des Glaubens nicht mit dem Tod, und so war es schon damals selbstverständlich, mit den Entschlafenen an ihrer Ruhestätte Zwiesprache zu halten, für sie zu beten, die Martyrer zu ehren und sie als Glaubensvorbilder um Fürsprache bei Christus zu bitten. Aber in den Nekropolen wurden sowohl die Verstorbenen als auch die Beter an den Gräbern nicht selten von feindseligen Heiden gestört.

Von Anfang an wurde der christliche Glaube von manchen Heiden kritisch betrachtet und angefeindet. Die Christen feierten keine öffentlichen Gottesdienste und ließen nur Getaufte zu ihrem Heiligen Mahl zu, über das bald wilde Gerüchte verbreitet wurden: ein Geheimkult! Zudem widersprachen die Werte, welche die Christen z.B. mit der Nächstenliebe vertraten, mit ihrer Überzeugung von der Gleichheit der Menschen, ihrer Ablehnung von Gewalt und Machtmißbrauch den römischen Vorstellungen z.B. von der Sklaverei doch sehr. Vor allem aber lehnten die Christen die Anbetung des Kaisers und der römischen Götter ab. Der Kaiser als oberster Priester war der Repräsentant des göttlichen, des ewigen Rom und seiner Macht, die er zu erhalten und zu mehren hatte. Dafür stand ihm auch die entsprechende Verehrung zu, das sog. 'Kaiser-Opfer'. So war für das heidnische Rom klar: wer dem Kaiser und den Göttern nicht opfert, ist ein Volksschädling, ein Staatsfeind! So haben nicht wenige Kaiser in den folgenden Jahrhunderten die Christen aus politischen Gründen, aber durchaus auch aus religiöser Überzeugung verfolgt.

Kaiser Nero hatte es nach dem Brand der Stadt Rom im Jahr 64 recht leicht, die Christen fälschlich der Brandstiftung zu beschuldigen und damit die ersten blutigen Verfolgungen auszulösen. Gefängnis, Enteignung, Verbannung, Verurteilung zur Zwangsarbeit, Folter und Tod, grausame Hinrichtung im Zirkus — damit versuchten viele Kaiser die Ausrottung der Christen und ihres Glaubens. Aber alle diese Maßnahmen führten nicht zum Ziel, im Gegenteil. Die Zahl der Christen nahm ständig zu, und damit auch der Bedarf an Begräbnisplätzen. Wegen ihrer Armut war die Gemeinde angewiesen auf die Hilfe reicherer Mitchristen oder wohlmeinender vornehmer Heiden, die ihnen ihre Privatfriedhöfe zur Verfügung stellten. Hier konnten die Christen ungestört ihre lieben Heimgegangenen besuchen und an den verehrten Martyrergräbern Gottes Liebe durch Gebet und die Feier des Heiligen Mahles der Eucharistie preisen. Denn das uralte Gesetz, das heilige Orte wie Tempel und Gerichtsgebäude vor dem Zugriff von Polizei und Militär schützte, schloß ebenfalls alle Begräbnisstätten ein und wurde von den Behörden auch in der Verfolgungszeit respektiert.

Dem zunehmenden Platzbedarf und der Armut der Christengemeinde half das römische Bodenrecht. Das Nutzungsrecht für ein Grundstück, sei es Eigentum oder vom Eigentümer zugestanden, schloß auch den Bereich unter der Oberfläche bis in die Tiefe mit ein.

Der Untergrund aus Tuff — ein hier weitverbreiteter vulkanischer Sandstein — erleichterte den *»fossores«,* wörtlich 'Ausgräber', die Arbeit. Sie bildeten eine Art Zunft, und da es bald auch unter ihnen Christen gab, haben diese für die Gemeinde die schwere Arbeit verrichtet. Unter der Oberfläche entstanden bis in das 5. Jhdt. richtige Labyrinthe mit kilometerlangen Gangnetzen, die sich in einigen Katakomben bis zu vier Stockwerke tief erstrecken. Der Begriff *Katakombe* war zunächst eine Ortsbezeichnung. Die viel befahrene und als Begräbnisstraße beliebte Via Appia durchlief bei der heutigen Sebastians-Basilika eine Senke (griechisch *»kumba«*). Das griechische *»kata kumbas«* war also zunächst die alte Bezeichnung für den »bei der Senke« entstehenden Christenfriedhof und fand später Anwendung auf alle unterirdischen Grabanlagen.

Papst Zephyrin (199-217) beauftragte um das Jahr 200 einen seiner Diakone namens Kallixtus damit, einen schon seit Mitte des 2. Jhdts. durch Grundstückschenkung entstehenden Christenfriedhof an der Via Appia offiziell für die Gemeinde zu leiten. Als Kaiser Konstantin d.Gr. im Februar 313 das *»Toleranz-Edikt von Mailand«* erließ, das die öffentliche Verehrung Christi gestattete und damit den Religionsfrieden brachte, gab es bereits etwa 60 christliche Katakomben. Die neu gewonnene Religionsfreiheit veranlaßte mehr und mehr Beter zu einem Besuch an den ihnen so heiligen Stätten. Papst Damasus I. (366-384) trug diesem wachsenden Bedürfnis vieler Christen durch die Ausschmückung der Papst- und Martyrergräber Rechnung und ließ bei Bedarf regelrechte unterirdische Pilgerwege einrichten. Gegen Mitte des 5. Jhdts. dürften daneben die letzten Beerdigungen in den Katakomben stattgefunden haben.

Die Barbareneinfälle der Völkerswanderungszeit ab dem 5. Jhdt. bedeuteten für viele Katakomben Grabräubereien, Verwüstungen und Zerstörungen. Deshalb wurden ab dem Ende des 8. Jhdts. die Reliquien der Martyrer und Päpste in innerrömische Kirchen übertragen, und damit waren weitere Pilgerfahrten zu den alten Heiligtümern gegenstandslos. Die meisten Katakomben versanken für Jahrhunderte fast völlig in das Dunkel des Vergessens, auch wenn im 16. Jhdt. Antonius Bosius, ein Gelehrter aus Malta, einige von ihnen wiederfand und in kleinen Teilen wissenschaftlich erforschte. Erst um die Mitte des 19. Jhdts. brachte der große Archäologe Giovanni Battista de Rossi wieder Licht in viele von ihnen.

Papst Pius IX. begründete mit de Rossi die Päpstliche Komission für Sakrale Archäologie. Diese bemüht sich seitdem um die Restaurierung und Bewahrung aller christlichen Katakomben Roms und Italiens und ermöglicht dem interessierten Besucher einen Blick in die schweigende Vergangenheit. Heute können diese Denkmäler aus längst vergangenen Zeiten nur im Rahmen eines geführten Rundgangs in Augenschein genommen werden — angesichts der kostbaren Kunstwerke dort und auch der verwirrenden Labyrinthe eine verständliche Vorsichtsmaßnahme.

Der Besucher erfährt bei der Führung etwas über die Begräbnisse der frühen Christen, über ihre Grabkunst — einige Fresken werden bis in die Anfänge des 3. Jhdts. datiert —, und über die ungezählten Martyrer, über einfache Christen wie über Päpste und Geistliche. Er bekommt daneben auch einen Eindruck von der gewaltigen Arbeitsleistung, welche die damaligen Christen für ihren Glauben auf sich genommen haben. Und wenn es manchmal etwas zum Schmunzeln gibt — nun, Evangelium heißt nun einmal wörtlich übersetzt 'Frohbotschaft', und auch auf diese Art erfährt der Besucher etwas über den Glauben, aus dem die Christen im damals heidnischen Rom lebten. Aus diesem Grund hat der Vatikan die Betreuung der Besucher jeweils in die Hände von Ordensgemeinschaften und ihrer Mitarbeiterinnen und Mitarbeiter gelegt. Ohne den Hintergrund des Glaubens — zumindest als Information — sieht der Besucher nur einen alten unterirdischen Friedhof, dessen eigentliches Geheimnis ihm verschlossen bleibt. Denn die Katakomben sind in einzigartiger Weise — wie ganz sicher alle heiligen Orte der Menschen — auch Stätten mit einer eigenen Sprache und Botschaft 'aus alten Zeiten'.

Die leisen Stimmen dieser Botschaft aus der Tiefe lassen sich auch heute noch vernehmen. Damals war sie wegweisend für die Christen, für Menschen, die längst zu Staub zerfallen sind. Aber die Botschaft selbst ist deshalb nicht verstaubt, sondern heute noch so aktuell wie damals, heute ebenso Wege weisend wie in den alten Zeiten. Wenn sich der Besucher einläßt auf dieses unterirdische Erlebnis — in einem Bildband, einem Videofilm oder am Internet-Bildschirm, vor allem aber bei einem Besuch in den Katakomben selbst —, dann kann er ihre Worte vernehmen.

Für die Öffentlichkeit stehen heute fünf christliche Katakomben zur Besichtigung offen:

Die *St. Agnes-Katakombe* an der Via Nomentana Nr. 349 ist eine der kleineren, möglicherweise schon um das Jahr 200 von den Christen mitbenutzten heidnischen Begräbnisstätten, welche nach der Beisetzung der Martyrin *Agnes* dort die jetzige Ausweitung erfuhr. Die Lebensdaten der hl. Agnes sowie Zeit und Art ihres Martyriums sind ungewiß, möglicherweise fiel sie der Verfolgung des Kaisers Decius (249-251) zum Opfer. Über ihrem Grab erhob sich bereits im 4. Jhdt. eine Basilika, deutlicher Hinweis auf ihre Verehrung und ihre große Beliebtheit. So ließ sich die verwitwete Tochter Kaiser Konstantins vor ihrem Tod im Jahr 350 hier ihr Grabmal errichten: das *Mausoleum der hl. Konstantina.*

Die sehr weitläufige *Domitilla-Katakombe* an der Via delle Sette Chiese Nr. 280 ist nach der Christin Flavia Domitilla benannt. Die Patrizierfamilie der Flavier besaß an der Via Ardeatina einen Privatfriedhof, den Domitilla, mit der Familie Kaiser Vespasians (69-79) verschwägert, auch ihren Freigelassenen zur Verfügung stellte. Von Kaiser Domitian (81-96) wurde sie mit anderen Familienangehörigen wegen ihres Glaubens ins Exil verbannt und starb dort, fern der Heimat. Zumindest ein Teil der Flavier-Familie stand auch weiter dem Christentum positiv gegenüber oder gehörte diesem Glauben selbst an. So durfte die Gemeinde diesen Friedhof wohl schon ab der zweiten Häfte des 2. Jhdts. mitbenutzen; hier wurde die sehr verehrte Martyrin *Petronilla* beigesetzt oder später die Martyrer-Soldaten *Achilleus und Nereus.* Bekannt ist diese Katakombe wegen ihrer großen *unterirdischen Basilika* und wegen sehr schöner *Fresken.*

Die *Katakomben des hl. Kallixtus* an der Via Appia Antica Nr. 110, wohl die größte der römischen Katakomben, bilden einen ganzen Friedhofskomplex. Aus Schenkungen einiger reicherer Christen um das Jahr 150 entwickelte sich ab 199 unter der Leitung des Diakons und späteren Martyrerpapstes Kallixtus der erste offizielle Friedhof der römischen Christengemeinde. Dort waren 16 Päpste beigesetzt, und eine große Zahl anderer Martyrer und verehrter Heiligen. Allein in der großen *Papstkrypta* ruhten neun Päpste, dazu mehrere Bischöfe der Verfolgungszeit: In der *Krypta der hl. Caecilia* sieht der Besucher an der Stelle ihres ursprünglichen Grabes eine Kopie der bekannten Statue von Maderno. Die sog. *Sakraments-Kapellen* enthalten Fresken aus der ersten Hälfte des 3. Jdts. Außer mit der hl. Caecilia, Patronin der Musik, sind diese Katakomben verbunden mit *Papstnamen* etwa der *hl. Fabian, hl. Sixtus II., hl. Cornelius* und *hl. Eusebius*, oder mit *Martyrern* wie dem jungen *hl. Tarcisius* — Patron der Ministranten —, oder den *hl. Calocerus und Parthenius*.

Das Gelände an der Via Salaria Nr. 430 mit der *Priscilla-Katakombe* dürfte bereits gegen Ende des ersten nachchristlichen Jahrhunderts der Privatfriedhof der Acilier, einer Familie aus senatorischem Adel gewesen sein. Vermutlich gegen Ende des 2. Jhdts. schenkte Priscilla, eine Christin aus dieser Familie, das Gelände der Gemeinde, und daraus entwickelte sich eine der großen Katakomben. Vor allem in den letzten großen Verfolgungszeiten vor Verkündigung des Religionsfriedens wurden hier zahlreiche Martyrer beigesetzt, darunter z.B. die *hl. Päpste Marcellinus und Marcellus I.*, die *hl. Felix und Philippus*, *Prisca*, *Pudentiana* und *Praxedis*. Nach Ende der Verfolgungen fanden noch weitere fünf hl. Päpste hier ihre Ruhestätte, darunter *Papst Silvester I.* Unter vielen gut erhaltenen und schönen *Fresken* ragen heraus die *Madonna mit Kind* und die *Anbetung der Weisen aus dem Morgenland.*

Gleich neben den Kallixtus-Katakomben liegt an der Via Appia Antica Nr. 136 die *Katakombe des hl. Sebastian.* Etwa um die Mitte des ersten nachchristlichen Jahrhunderts entstand hier aus einer stillgelegten Puzzolangrube eine kleine heidnische Begräbnisstätte für weniger bedeutende Familienangehörige oder für verdiente Freigelassene eines heute unbekannten Eigentümers. Etwa ab der Mitte des 3. Jhdts. begannen die Christen, wohl zunächst nur in geringem Ausmaß, den bisherigen Heidenfriedhof mit zu nutzen. Nach der dortigen Beisetzung des hl. Martyrers Sebastian, der vermutlich in der Verfolgung des Diokletian (284-305) sein Leben für seinen Glauben ließ, und anderer Opfer dieser Verfolgungen, erhielt die Katakombe einen größeren Umfang. Im Gegensatz zu den meisten Katakomben geriet sie nie aus dem Gedächtnis der Christenheit, sicher auch wegen der schönen *Basilika* über dem *Sebastiansgrab.* Für einige Zeit wurden hier die Reliquien der Apostelfürsten Petrus und Paulus aufbewahrt und verehrt. Aus den Anfängen der Katakombe sind noch *heidnische Mausoleen* mit schönen *Fresken* zu sehen, und dazu ein kleines *Museum.*

Dieser Kurzübersicht in alfabetischer Reihenfolge sei noch angefügt die *Katakombe der hl. Marcellinus und Petrus* an der Via Casilina Nr. 641, an deren Öffnung für das Jubiläumsjahr 2000 gedacht wird. Im 2. Jhdt. n.Chr. wurde an der damaligen Via Labicana eine Beerdigungssstätte für die adeligen Ritter der kaiserlichen Leibgarde eingerichtet. An Randbereichen dieser heidnischen Totenstadt wurden schon ab dem 3. Jhdt. auch Christen zur Ruhe gebettet, vor allem aber seit der Beisetzung bekannter römischer *Martyrer* wie *Marcellinus und Petrus* (gestorben um 304), nach denen diese Katakombe benannt wurde, des *hl. Gorgonius*, der *hl. Vier Gekrönten*, des *hl. Tiburtius* und anderer Glaubenszeugen der diokletianischen Verfolgungen. Kaiser Konstantin d.Gr. stellte dann das Gelände den Christen ganz zur Verfügung. In dieser Katakombe ist manche schöne *Freskomalerei* aus dem 3. und 4. Jhdt. mit alt- und neutestamentlichen Themen zu bewundern.

Die christlichen Katakomben — eine jede von ihnen lohnt den Besuch — sind je nach ihrer Entstehungsgeschichte in Ausgestaltung und Größe recht unterschiedlich. Aber allen gemeinsam ist der Inhalt ihrer Botschaft und die leisen Stimmen, die davon künden. Aus der Fülle dessen, was dieses 'Archiv der Kirche in den Anfängen' anbietet, sind einige typische Bilder und Eindrücke herausgegriffen; sie begegnen dem Besucher in fast allen Katakomben. In unsere Zeit hineingedeutet wollen sie beim Lauschen und Verstehen helfen.

2

Unter der Oberfläche

Wer vor einem großen Kaufhaus steht, oder auch am Eingang eines Kurparks, der kann schon von außen sehen, was er darin vorfinden wird. Was aber erwartet den Besucher, der zum ersten Mal vor einer Katakombe steht? Nehmen wir als Beispiel die Kallixtus-Katakomben.

Ein fast idyllisches Bild: inmitten des Grün von Palmen, Eukalyptusbäumen, Pinien und Zypressen ein Garten mit Springbrunnen. Um einen Vorplatz gruppieren sich einige schon ältere und unscheinbare kleine Häuser, je nach Jahreszeit im leuchtenden Schmuck von verschiedenfarbiger Bougainvillea. Nur die Schilder verraten, daß hier Besucher aus vielen Sprachgruppen erwartet werden. Der Eingangsbereich der Katakomben des hl. Martyrer-Papstes Kallixtus mit ihrem historischen Kern ist ein kleines Paradies, ein Ort des Friedens. Tief unter der Erde befindet sich an dieser Stelle ein anderer Ort des Friedens, nämlich der erste offizielle Friedhof der Christen im antiken Rom. Einige reichere Christen hatten ihn durch Schenkungen ihrer Privatfriedhöfe an die Gemeinde im 2. Jhdt. möglich gemacht.

Gemeinschaft — für die Gemeinde war das ein Herzensbedürfnis, auch mit Blick auf ihre Toten. Denn in Christus gehören alle zusammen, die Lebenden, die Verstorbenen, und ebenso auch die Heiligen, die schon jetzt bei Christus leben dürfen, weil sie mit ihrem Blut für Ihn Zeugnis abgelegt haben. Hier unten an den Gräbern ihrer Lieben beteten die Christen in dankbarer Erinnerung für die Verstorbenen. Denn anders als bei den Heiden, für die mit dem Tod alles endete, gehörten ja die Heimgegangenen nach wie vor dazu. Sie waren nur den einen Schritt durch das dunkle Tor des Todesschlafes vorangegangen, das sich für jeden einmal öffnen wird. Der Tod zerreißt das Band der Liebe nicht, er verändert es nur. An den Ruhestätten der Martyrer wollten die Christen ihre Bewunderung für deren Glaubensmut ausdrücken, sie auch um Fürsprache für ihre Verstorbenen und für das Gelingen ihres eigenen Glaubenslebens bitten. Denn diese Glaubens-

Eingangsbereich der Kallixtus-Katakomben

zeugen hatten als Kinder oder Jugendliche, als Erwachsene oder im Greisenalter lieber ihr Leben gegeben als ihren Glauben an Christus zu verleugnen. Im Gefängnis oder bei grausamer Folter, zur Belustigung spottender Zuschauermassen den wilden Tieren in der Arena vorgeworfen, bei unmenschlich harter Zwangsarbeit oder im Exil waren und blieben sie glaubwürdige und beispielhafte 'Zeugen' — das ist die Wortbedeutung von griech. *»martyr«* — für die Echtheit und Tragfähigkeit ihres Glaubens. Nun durften sie ganz nahe bei Gott sein. Und deshalb wollten auch viele Christen selbst in ihrer Nähe der Auferstehung entgegenschlafen.

Gemeinschaft — wieviel Glauben und tatkräftigen Einsatz, vor allem aber wieviel Liebe haben die Christen hier investiert, um dieses Herzensbedürfnis auch zu verwirklichen. Allein hier in den Kallixtus-Katakomben erstreckt sich dieser gemeinsame Ruheplatz von gut 500.000 Menschen in einem Gangnetz von rund 20 Km Länge unter einer Oberfläche von 15 Hektar! Aber um das sehen und vor allem erleben zu können, darf man nicht an der Oberfläche bleiben. Die Katakomben verraten ihr Ureigentliches, dieses tiefe Geheimnis ihres Wesens nur dem, der — wörtlich und im übertragenen Sinn — in die Tiefe geht und dabei die Augen und Ohren seines Herzens zu öffnen bereit ist. Das ist oftmals so, nicht nur in Katakomben...

Kallixtus-Katakomben: Gartenanlage über dem historischen Zentrum

3

Gänge in den Katakomben

Die Gänge in allen christlichen Katakomben des alten Rom zusammen dürften sicher eine Länge von wenigstens 200 Kilometern haben, alle Stockwerke zusammengezählt. Manchmal erreichen sie eine Höhe von 8m, jeweils von oben nach unten gegraben. Immer wieder mußten die *»fossores«* die Festigkeit des Tuff-Gesteins auf seine Haltbarkeit überprüfen und entscheiden, in welche Richtung weitergegraben werden konnte, und es galt, auch die oberirdischen Grundstücksgrenzen zu respektieren. Dazu kam die eigentliche Hauptaufgabe, die Schaffung der viele Hunderttausende zählenden Grablegen vor allem in den Gangwänden, aber auch in den Familiengrabkammern und Krypten.

Grab reiht sich an Grab. Viele davon waren nur für eine Person bestimmt. Gelegentlich ist jedoch an ihrer Tiefe zu erkennen, daß hier mehrere Personen geruht haben, die miteinander starben und vermutlich auch zur selben Familie gehörten. Die vielen kleinen Gräber vermitteln einen Eindruck von der in Rom erschreckend hohen Kindersterblichkeit.

Die meisten Gräber — sie wurden *»loculi«*, 'Orte' genannt — waren nicht verziert, sondern nur mit Ziegeln, Ton- oder auch einfachen Marmorplatten zugemauert. Anfangs versah man sie mit den Namen der Verstorbenen, später zusätzlich mit Glaubenssymbolen und anderen Angaben, die meisten jedoch waren anonym. In ihnen ruhten die Verstorbenen, auf dem Rücken liegend und in ein Tuch eingehüllt. Verständlich, daß die Christen ihren Friedhof *»coemeterium«* nannten, 'Schlafplatz', im Gegensatz zur *»necropolis«*, der 'Totenstadt' der Heiden.

An den Wänden und Decken sind noch die Spuren der Spitzhacken zu sehen, mit denen die *»fossores«* den Tuff herausschlugen. Der Abraum wurde dann in Körben und Ledersäcken an die Oberfläche geschleppt oder durch einen der offengebliebenen Licht- und Luftschächte hochgezogen. Es müssen etliche hunderttausend Tonnen Gestein gewesen sein, die auf diese Weise aus den Katakomben nach oben befördert wurden!

Gang im
2. Stockwerk
der Kallixtus-
Katakomben

Die Gräber, die Gänge und Treppen sprechen von der Gemeinschaft der hier Ruhenden, und auch derer, die hier miteinander gearbeitet haben. Gemeinsamkeit ist z.B., was gemeinsam mit den anderen oder für einander getan wird — aber erst das gemeinsame Ideal formt daraus das, was Gemeinschaft eigentlich ausmacht. Diese unterirdischen Friedhöfe der frühen Christen bekunden beeindruckend ihr Glaubenswissen um das stärkste tragende Element einer Gemeinschaft, die Liebe. In dieser Liebe gehören sie in und mit Christus untrennbar verbunden zusammen, sind füreinander als Schwestern und Brüder

Blick in ein
Treppenhaus der
Domitilla-Katakombe.
In der Bildmitte
sieht man in das
1. Stockwerk

verantwortlich im Leben in dieser Welt bis zur endgültigen Vollendung. So ist jede dieser Katakomben ein gewaltiges Denkmal für die Kraft eines Glaubens, der aus dieser verbindenden Liebe lebt. Und dieses Denkmal ruft unhörbar, aber unüberhörbar: »Denk mal!«

4

Licht im Dunkel

Immer wieder sehen wir bei einem Katakomben-Rundgang neben den Gräbern etwa gut faustgroße Löcher in den Wänden: sie dienten für Tonlämpchen zur Beleuchtung. Andere Tonlampen standen auf eingemauerten kleinen Steinplatten oder hingen an Metallhaltern von den Wänden wie z.B. in den Krypten oder in den *»cubicula«*, den Familiengrabkammern. Diese Lampen wurden auch im Alltagsleben genutzt, und in verschiedenen Größen gehörten sie zur Ausrüstung der *»fossores«*. Ihr Brennöl wurde manchmal — aus verständlichen Gründen — mit Duftstoffen vermischt.

Wie mag es wohl damals gewesen sein, als die *»fossores«* hier unten noch arbeiteten? Oder wenn Christen hierher kamen, um Abschied zu nehmen von einem lieben Angehörigen, den sie in der Tiefe dieser 'Schlafstätte' zur Ruhe betten mußten? Wenn sie ihre kleine Tochter, ihren jungen Sohn besuchten, den geliebten Ehepartner oder die Eltern, um an den Gräbern zu beten, um liebevolle stumme Zwiesprache mit ihnen zu halten? Oder wenn sie sich nachts oder im frühesten Morgengrauen zum gemeinsamen Gebet und zur Eucharistiefeier nach einem oft weiten Herweg an den Gräbern der Martyrer oder der Päpste zusammenfanden? Und nachts kam noch nicht einmal ein Lichtschimmer durch die offenen Schächte...

Auch tagsüber war es dunkel in diesem Labyrinth, bis auf die Stellen, an denen von oben ein sehr begrenzter Lichtschein durch die Schächte oder bei den an die Oberfläche führenden Treppen herunterfiel. Viel war das gewiß nicht. Es blieben also in der Hauptsache die Tonlampen. Sie gaben ihr tröstliches Licht, wenn jemand, der geliebt und nun vermißt wurde, zur Ruhe gebettet wurde. Sie machten die Räume hell, in denen sich die Christen zum Lob Gottes und zur Verehrung ihrer Vorbilder und Lehrer im Glauben trafen. In ihrem warmen Schein bearbeiteten die Ausgräber den Felsen, prüften seine Festigkeit für weitere Gänge und neue Grabkammern, für Wandgräber und Arkosole — bogenförmig gewölbte Grablegen für mehrere Einzel-

Antike Öl-Lampen mit dem Christus-Monogramm

personen. Ihr Licht half, wenigstens einigermaßen die Decken, die Wände und den Boden zu glätten. Solche Lampen leuchteten den Malern und Künstlern bei der Gestaltung der Fresken.

Diese Lampen halfen den Christen auch, sich im Labyrinth hier unten zu orientieren, den rechten Weg zu finden, dem Licht entgegen. Hilfe und Wegorientierung konnten ihnen die Glaubenssymbole auf den Grabplatten geben, und wenn sie lesen konnten, auch die Inschriften, und ebenso die wohlbekannten Ruhestätten der großen Glaubenszeugen. Sie selbst mußten dann nur etwas tun — ihre Lampe anzünden, für Öl zum Nachfüllen sorgen, und dann auch gehen.

In ihrem Alltagsleben inmitten der Heiden gab es für die Christen die 'Wege' und 'Straßen' der Gebote Gottes, aber an 'Kreuzungen' oder 'Abzweigungen' mußten sie sich entscheiden für oder gegen den rechten Weg. Manchmal führte sie ihr Lebensweg durch enge, unwegsame und quälende Dunkelheiten von Angst und Zweifel, sie sahen die 'Einbahnstraßen' dessen, was 'man' tut oder läßt in der Gesellschaft. Und sehr wohl kannten sie auch die 'Sackgassen' der Verfehlungen, des Nachgebens in Versuchungen. Vielleicht war es manchmal auch verführerisch für sie zu erleben, daß viele ihrer heidnischen Mitbürger sich herzlich wenig Gedanken zu machen schienen über all dies, sondern in den Tag hineinlebten, Hauptsache, es gab »Brot und Spiele«. Wer sich um Sitte und Moral wenig schert, oder wer bei der Auswahl seiner Werte und Ziele zumeist an sich selbst denkt, der lebt zweifelsohne sehr viel bequemer, macht es sich leicht im Leben — an der lauten Oberfläche.

Den Glauben leben, im Licht des Glaubens seinen Lebensweg gehen, das kann sehr viel unbequemer und auch anstrengender sein. Aber dieses geschenkte Licht läßt mehr erkennen, weil es neue Wege weist, mehr Sinn und größere Weite erschließt, unglaublich reich macht. Und es reicht auch bis in die Dunkelheiten. Man muß es nur 'anzünden', für 'Brennstoff' sorgen — und dann gehen...

Im Schein seiner Öl-Lampe arbeitet ein *'fossor'*.
Marcellinus-Petrus-Katakombe

5

Jesus, der Menschensohn und Erlöser

Jesus Christus ist der Mittelpunkt des christlichen Glaubens, und darum auch Zentrum und Herz Seiner Gemeinde, der Kirche. In der Anfangszeit stellten die Künstler die Person Jesu zumeist in Szenen aus Seinem Leben dar, die wie Punktstrahler zentrale Botschaften für ihr Glauben und Hoffen in der Verfolgungszeit und in einer heidnischen Umwelt ausleuchteten. Einige der ältesten Christus-Darstellungen finden wir in der Priscilla-Katakombe. Ein Fresko aus dem frühen 3. Jhdt. zeigt Ihn mit Seiner Mutter, links von der kleinen Gruppe weist eine Männergestalt mit der linken Hand auf sie und mit der rechten auf einen Stern über ihr. *»Ein Stern geht auf aus Jakob, über Israel erscheint ein heller Stern«* (Num 24, 17) — ein Hinweis auf die Prophetengestalt des Bileam. Beeindruckend ist dort auch das Fresko der Muttergottes mit ihrem Sohn bei der *Anbetung durch die Weisen* aus dem Morgenland.

Maria und das Kind sind beide dem Betrachter zugewandt: Jesus sitzt auf dem Schoß Seiner Mutter. Als kleiner Junge ist Er schon noch sicher bei ihr, aber auch bereit, sich denen zuzuwenden, die sich zu Ihm auf den Weg machen. Maria bietet Ihm den Hintergrund, den menschlichen Ursprung, sie zeigt Ihn der Welt. So erscheint sie schon damals als Urbild der Kirche, in der Christus für die Mitwelt sichtbar und erfahrbar werden muß. Und Kirche, das sind nicht nur 'die da oben', Kirche sind alle, die sich zu Ihm bekennen und Ihn auch in ihrem Alltag ernstnehmen.

Dieses Bild spricht den Betrachter durch seine Innigkeit an, durch die zärtliche Intimität des Geschehens, welches zugleich ohne Scheu für alle offen und zugänglich ist. Und dieser hilflose, nackte kleine Mensch hier ist Jesus, der Gesalbte, der Sohn Gottes! Er wird später am Kreuz wegen Seiner Frohbotschaft von der erlösenden Vaterliebe Gottes und der Bruderschaft aller Menschen qualvoll enden, um dann durch Seine Auferstehung zu verkünden: die Liebe ist stärker, sogar stärker als der Tod. Denn sie währt ewig, ist Leben ohne Ende für den, der glaubt und sich taufen läßt. Läßt sich menschlicher darstel-

Ausschnitt:
Muttergottes mit Kind.
Priscilla-Katakombe

len, wie menschlich Gott in Jesus geworden ist, *»in allem uns gleich«* (Phil 2, 7)?

Was dieses Bild so einzigartig und anrührend macht: Jesus läßt sich stören, sogar bei dem, was für den Säugling ganz wichtig ist, beim Gestilltwerden. Er wendet sich dem Betrachter zu und schaut ihn an. Halt suchend greift Er noch zur Mutterbrust, ist aber schon ganz wörtlich der verheißene 'Emanuel', der *»Gott ist mit uns«*, auf den der Prophet hinweist. Ihn dürfen die Menschen immer und jederzeit stören. Wieviel laut und deutlich hörbare und spürbare Mit-Menschlichkeit spricht aus dieser stillen Szene — wirklich ein leuchtender Stern im Dunkel der Nacht!

In diesem Bild konnten die Christen damals 'hautnah' erleben, wie eng verbunden als Mensch ihr Erlöser und Retter Jesus, der Sohn

Gottes ihnen war. Auch als Erwachsener hat Er die Last des Alltagslebens wie auch dessen Freuden mit den Menschen geteilt. Die Hochzeit zu Kana beispielsweise gehörte mit zu den beliebten Szenen in den Katakomben oder auf Sarkophagen, und das sicher nicht nur wegen ihrer Beziehung zum Wunder der Eucharistie. Er war Arbeiter wie die meisten von ihnen. Nichts Menschliches war Ihm fremd: Er kannte Verleumdung und Haß bis zur Verfolgung, erlebte Armut und Not. Aber ebenso kannte Er die Liebe einer Mutter, tiefe Freundschaft verband Ihn mit Johannes, ebenso mit Lazarus, bei dessen Tod Er Tränen vergoß, mit dessen Schwestern Marta und Maria. Er lebte aus der innigen Gebetsverbindung mit Gott, selbst in Seinen letzten Tagen und Stunden körperlicher Qual und Mißhandlungen, und in Seinem Sterben.

Und dieser Menschenbruder Jesus, zugleich der verheißene göttliche Erlöser, ist nicht nur da für die verfolgten Christen im damaligen Rom, sondern für alle Menschen aller Zeiten, die Ihn anzunehmen bereit sind. Welche Herzensweite, welch unerschütterliche Zuversicht auch für die Zukunft spricht aus den vielen Darstellungen der Anbetung Jesu durch die Weisen, die stellvertretend für die Menschheit ihre Gaben bringen (s. Mt 2, 11)!

Anbetung durch die Weisen. Priscilla-Katakombe

6

Der Gute Hirte und sein Schaf

»Ich bin der Gute Hirte, Ich kenne die Meinen, und die Meinen kennen Mich« (Joh 10, 14). Im Frühchristentum ist die Darstellung dieses Jesuswortes wohl das bekannteste Christusbild. Normalerweise finden wir Jesus als bartlosen jungen Mann dargestellt, umgeben von einigen Schafen, und fast immer trägt Er eines davon auf Seinen Schultern. In den Katakomben ist das Bild leicht zu verstehen: Christus trägt als der rettende Gute Hirte den Menschen durch sein Erdenleben bis in die ewige Heimat.

Möglicherweise hatte das Schaf gerade seine Nase in schmackhaftem Klee oder im saftigen Gras und futterte ohne Sorgen fröhlich vor sich hin. Aber vielleicht humpelte es auch mit einen wehen Fuß umher, oder es war abseits von der Herde in die Dornen geraten. Jedenfalls ruht es nun auf den Schultern seines Hirten, sicher von ihm gehalten, ganz zutraulich an ihn geschmiegt.

Da schaut es nun neugierig um sich. So hoch über dem gewohnten Boden sieht alles anders aus. Der Horizont ist weiter geworden, enthüllt Neues und bisher Ungekanntes. Das ist schon ganz schön aufregend, und da tut es gut, festen Halt zu spüren, sich an die starken Schultern, an den liebevollen Kopf vertrauensvoll herankuscheln zu können. So kann das Schaf sich wohlfühlen, das Tragen und Gehaltenwerden, die Nähe zum Hirten genießen. Zur rechten Zeit wird der es ja wieder auf den Boden stellen, futtern, spielen und herumlaufen lassen.

Er ist jung, dieser Hirte, jung und stark. Ganz augenscheinlich stellt das Schaf für ihn keine Last dar. Fest und sicher hält er es in seinem Griff, und doch auch behutsam, denn weder seine Arme noch seine Haltung verraten Anspannung oder gar Anstrengung. Und wenn es ungefährlich ist für das Schaf, läßt er es sogar völlig frei auf seiner Schulter ruhen. Er tut dem Schaf gut, weil er ihm gut ist. Ihm liegt etwas an seinem Schaf, an jedem einzelnen von ihnen. Bei ihm ist gut Schaf sein. Nur — was ist, wenn das Schaf nicht mag, wenn es sich wehrt und wild herumstrampelt? Oder wenn es vor ihm wegläuft, um gar nicht erst in seine Nähe zu gelangen?

Diese Bilder erzählen vom Glauben an Jesus Christus. Der Glaube ist Sein Geschenk, Sein freies Angebot aus sorgender Liebe. Gleichzeitig ist Glaube aber immer auch ein ganz persönliches Wagnis, welches Mut kostet, auch wenn Er dabei hilft und 'tatkräftig zugreift'. Aber dieses Wagnis lohnt, schenkt es doch neue und weitere Horizonte, Ausblick, Durchblick, macht Grenzen offen, auch die des Todes. Er befreit den Menschen, sein Ich und seine Bedürfnisse aus der Ausschließlichkeit seiner Begrenztheit, zeigt ihm die rechten Zusammenhänge — und läßt ihn doch ganz er selbst sein. Der Gute Hirte hilft dabei dem Menschen, sich zurechtzurücken, denn allein kommt der Mensch nicht 'hoch'...

Wer sich auf dieses Wagnis einläßt, der kann sich auf Seine Schultern, an Seinen Kopf schmiegen, Ihm ganz nahe sein. Dieser Hirte

Statue des *Guten Hirten* (4. Jhdt.) Kopie in den Kallixtus-Katakomben

Der Gute Hirte,
2. Hälfte 3. Jhdt.
Priscilla-Katakombe

scheut die Nähe nicht, bietet sie sogar selbst an. Unerhört und völlig neu ist diese Vorstellung für die Menschen im alten Rom, wirklich eine frohe Botschaft: vor Gott mußt du dich nicht ängstigen, Ihm nur mit Zittern und Zagen nahen! Er bietet Seine ganze und persönlich erfahrbare Nähe an, schon in diesem Leben, und umso mehr in Seinem Reich. Welch völlig andere Vorstellung von diesem Gott im Vergleich zu den heidnischen Gottheiten! Ein Gott, an den man sich sozusagen ankuscheln kann — das kann einen noch heute von den Füßen heben, wie das Schaf.

Bei Ihm ist gut Mensch sein — wenn der Mensch will...

7

Jesus Christus

In der *Caecilien-Krypta* der Kallixtus-Katakomben finden wir ein Fresko, das Christus als Lehrer darstellt, mit dem Evangelienbuch in der Hand. Dieses Lehrer-Bild übt eine ungewöhnliche Faszination aus, nicht zuletzt deshalb, weil es in eine Nische hineingemalt ist. Unter dem früher wohl sehr reichen Schmuck an Wandmalereien dürfte dieses Bild eines der jüngsten sein, seine Entstehung wird auf das ausgehende 8. oder Anfang 9. Jhdt. datiert. Die ovale Gesichtsform und die Linienführung läßt byzantinischen Einfluß erkennen. Durch die Restauration wurden zwar nicht alle Spuren der Zeit (und gedankenloser Besucher, die das Bild unbedingt mal berühren müssen oder trotz des Verbotes mit Blitzlicht fotografieren und es dadurch weiter schädigen) getilgt, aber das Bild wirkt wieder in seiner usprünglichen Aussagekraft.

Das Gesicht Christi wirkt ruhig und ernst. Er schaut gesammelt und konzentriert, denn Er hat Wichtiges und Wesentliches anzubieten in dem kostbar geschmückten Buch mit Seiner Lehre, das Er an Seiner linken Seite hält. Dabei wirkt Er nicht streng, sondern schaut den Betrachter liebevoll und geduldig an. Mit Seiner erhobenen rechten Hand scheint Er zu sagen:

»Glaub mir, es ist wichtig für dich, was Ich dir mitteilen, dich lehren möchte. Sei einfach mal da, mach dich still und offen für Mich und für Mein Wort, das Ich hier für dich bereithalte. Es kommt ganz aus Meinem Herzen, ist Meine Frohbotschaft auch für dich. In diesem geschriebenen Wort begegnest du Mir, und auch für dich bin Ich der Weg, die Wahrheit und das Leben.

Ich bin das Leben, hörst du? Meine Freundin Caecilia hier hat das gewußt. Das hat sie froh und stark gemacht, treu bis in den Tod. Sie hat festgehalten an Mir als ihrer Liebe und ihrem Leben — und jetzt lebt sie mit allen Meinen Freunden für immer froh und glücklich bei Mir«.

Wenn nicht gerade ein großer Andrang an Besuchern herrscht, kann man diesem Christusbild noch sehr persönlich und meditativ begegnen. Der Betrachter wird erleben:

Von wo aus in diesem Raum ich Ihn auch anschaue — immer schaut Er auch mir in die Augen hinein, immer gleich geduldig, immer gleich liebevoll. Dabei kann ich mich aber nicht hinstellen, wo

Christus der Lehrer.
Kallixtus-Katakomben

immer ich will, denn Sein in die Nische gemaltes Antlitz setzt mir da Grenzen. Wenn ich die überschreite, oder Ihm den Rücken zukehre, den Raum gar verlasse — dann sehe ich Ihn nicht mehr. Wenn ich Ihn im Auge behalten möchte, muß ich mich an Seine Grenzen halten.

Wenn ich mich über diese Grenzen hinwegsetze, dann sehe ich Ihn nicht mehr. Sein Bild wird zwar weiter in der Nische sein, aber *ich* habe Ihn aus den Augen verloren. Nun, das mache dann ich, das ist *meine Entscheidung*, und die Freiheit dazu habe ich. Er läßt das zu, Er hält das aus, Seine geduldige Liebe ist genügend groß und tief und weit.

Wenn ich jedoch umkehre, mich Ihm wieder zuwende und zurückkomme — dann ist Er da mit Seinem Blick der Liebe, mit Seinem Buch des Lebens auch für mich, und zwar sofort. Immer ist Er da, zu jeder Tages- und Nachtstunde. Und dabei ist das hier 'nur' ein Bild für Seine Wirklichkeit!

Aber: zurückkommen, das muß *ich*, das ist mein Beitrag, ohne den noch nicht einmal Er auskommt. Aber ich *darf* zurückkommen zu Ihm, Er erwartet mich — weil Er mich liebt, weil Er die Liebe selbst ist.

Glaube läßt sich ohne Freiheit ebensowenig denken wie Liebe. Aber was für eine Freiheit ist das *ohne* den Glauben, *ohne* die Liebe, *Seine* Liebe?

8

Die Botschaft der Symbole

Auf vielen Grabplatten-Fragmenten sind Glaubenssymbole zu sehen, manchmal kindlich ungeschickt eingeritzt, teils aber auch von hoher künstlerischer Qualität. In einigen Katakomben finden wir sie auch auf den Ziegelsteinen oder Tonplatten gemalt, mit denen der größere Teil der Gräber aus Kostengründen verschlossen wurde. Die beiden im Wort *»Symbol«* enthaltenen Teile 'zusammen' und 'werfen' ergeben einen interessanten Hinweis darauf, warum für die Christen damals eigene Sinnbilder so wichtig waren. Mit den Bildern verbanden sie ganz bestimmte Glaubensinhalte. Die dargestellte äußere Form, unauffällig und unverfänglich, wurde von ihnen mit einer inneren und ihnen wichtigen Bedeutung 'zusammengeworfen', die sie mit dem Verstand und mehr noch mit ihrem Herzen wahrnehmen und als Botschaft entziffern konnten.
Darauf waren sie auch angewiesen, konnten doch viele von ihnen als einfache und arme Leute gar nicht lesen oder schreiben. So ersetzten ihnen die Symbole vielfach das geschriebene Wort. Sie riefen ihnen Glaubenswahrheiten in ihr Gedächtnis zurück, welche sie bei der Glaubensunterweisung und in Predigten vermittelt bekommen hatten. Deshalb benutzten sie solche Symbole auch nicht nur hier in den Katakomben. Ferner dürfen wir die Zeiten der Verfolgungen nicht vergessen: ihnen feindlich gesinnte Heiden sollten die Bedeutung dieser Symbole ja nicht einfach verstehen können. Sicher waren sie keine Geheimzeichen in dem Sinn, daß sie in der Öffentlichkeit nie verwendet worden wären. Aber ihre tiefe Bedeutung und eigentliche Botschaft, die Glaubenswirklichkeit dahinter erschloß sich nur dem, der zu Christus und Seiner Gemeinde gehörte.

Der *Fisch* erinnerte die Christen an die wunderbare Vermehrung der Brote und Fische, von der alle vier Evangelisten berichten, und deshalb auch an die ihnen nun durch Christus geschenkte Möglichkeit der eucharistischen Mahlgemeinschaft mit Jesus und miteinander.

Sowohl Lukas als auch Johannes erzählen im jeweils letzten Kapitel ihres Evangeliums, daß der Herr zum Beweis der Wirklichkeit Seiner Auferstehung Fisch gegessen hat. Deshalb ist dieser für die frühen Christen auch eine Verheißung ihrer eigenen Auferstehung.

Im Griechischen, welches die römische Christengemeinde bis in das 4. Jhdt. vor allem im Gottesdienst gebrauchte, hat *»ichthys«* —

das Wort für Fisch — fünf Buchstaben. Nimmt man jeden als Anfangsbuchstaben eines neuen, ebenfalls griechischen Wortes, ergeben diese zugleich ein Bekenntnis des Glaubens und einen Gebetsruf: *Jesus,* (du) *Christus* (d.h. Gesalbter) — *Sohn Gottes* (und unser) *Erlöser*!

Das *Christus-Monogramm* besteht aus den beiden ineinander geschriebenen griechischen Anfangsbuchstaben X und P des Namens *»Christos«*, also Christus. Auch in diesem Symbol stecken zugleich Bekenntnis und Gebet: *Ich gehöre zu Dir, und Du, erhöre mich!* Unschwer ist zu erkennen, daß dieses Christuszeichen ein Kreuz bildet, den Heiden in der Verfolgungszeit sicher verborgen.

Auch das *Hakenkreuz*, die sog. Svastika, enthält das Kreuz, Zeichen des Heiles und des Sieges Christi. Vom Ursprung her ein uraltes Sonnenzeichen deuteten die Christen es neu als ein Symbol für Christus, das 'Licht der Welt' (vgl. Joh 1, 9; oder 8, 12). Durch Seinen Erlösungstod am Kreuz schenkte Er der Welt das Licht der Versöhnung mit Gott, die helle Freude über soviel Liebe, die sichere Erwartung des Lebens in einer lichten Ewigkeit bei Ihm.

Der *Anker* war als Glaubenssymbol ebenso unverdächtig wie die anderen auch. Im Hafen bietet er dem Schiff Sicherheit und Halt, vor

Der eucharistische Fisch, Anfang 3. Jhdt. Kallixtus-Katakomben

Glaubenssymbole auf Grabsteinfragmenten: Christusmonogramm, Svastika und Anker

allem bei Sturm und Unwetter. So wird er selbst zum Zeichen für den festen und zuverlässigen Ankerplatz. Für die Christen deutlich sichtbar enthält dazu auch der Anker ein Kreuz. Das Kreuz ist der Grund, die Ursache ihres Haltes im Glauben, ihrer Zuversicht, ihrer Hoffnung in den Stürmen der Verfolgungszeit. Und deshalb kennzeichnet der Anker für die Christen die Rettung selbst, und hier in den Katakomben die sichere Ankunft im ewigen Heimathafen des Paradieses.

Grabplatte für *Felicissima*, Kallixtus-Katakomben. Links der Weinstock mit Reben, rechts die Taube, die an einer Rebe pickt. Eucharistie-Symbole.

Phönix in Flammen,
2. Hälfte 2. Jhdt.
Priscilla-Katakombe.
Unsterblichkeitssymbol

Über ihre Einzelbedeutung hinaus enthalten diese und die vielen anderen Glaubenssymbole auch insgesamt eine Botschaft. Legen wir deren 'Worte' den hier ruhenden Verstorbenen in den Mund:

»Hier *siehst* du den Glauben, aus dem wir gelebt haben, unsere Kraftquelle für den Alltag, und für viele von uns auch für das Opfer des Lebens. So kannst du hier *lernen*, was uns getragen hat, uns glücklich machte und froh, selbst in Armut, Not und Angst. Und danach kannst du dich *richten*, wenn du in diesem Labyrinth den Weg verlierst. Du wirst auch merken: das hilft nicht nur in den Katakomben...«.

9

Die Taube für die Herrin Isidora

Eines der häufigsten Glaubenssymbole in den Katakomben ist die Taube, oft mit einem Ölbaumzweig im Schnabel oder unter den Füßen dargestellt. Die Christen sahen in ihr die Erfüllung christlichen Glaubens und Hoffens, wie es die biblische Geschichte von der Arche Noahs (Gen 6-8) erzählt. Sie wird deshalb gedeutet als die »Seele im Frieden Gottes«. In den Kallixtus-Katakomben finden wir sie auch auf einem interessanten Grabplattenrest. Der Name *»Isidor(a)«* ist korrekt und in guter Schriftqualität in griechischer Schrift in den Stein geschnitten. Darüber erkennt man, ungeschickt und fehlerhaft eingeritzt, das lateinische Wort *»domnina«* mit der Taube.

Die Taube mit dem Ölbaumzweig ist sozusagen die Kurzfassung der Geschichte von Noah und der Sintflut, vor allem ihres frohmachenden Endes. Denn mit dem Zweig zur Arche zurückgekehrt kündete sie damit: »Habt keine Angst, ihr Noahs, denn Gott hat Sein Versprechen erfüllt. Ihr habt euer Leben nach Ihm ausgerichtet und auf Ihn vertraut. Seht hier, der Olivenzweig! Das Wasser geht zurück, die große Not ist vorbei, das neue Leben hat jetzt schon begonnen!« Eine solche Botschaft schenkt wahrlich Frieden!

Der feste Glaube an diese Verheißung bedeutete nicht nur die Gewißheit des neuen Lebens — der Auferstehung — nach dem Tod. Er trug die Christen damals im Alltag, und mehr noch dann, wenn das Bekenntnis zu Jesus lebensgefährlich war. Von dieser lebensgestaltenden Kraft spricht auch der Grabplattenrest für die 'Herrin Isidora' — auch wenn das Wort 'Herrin' einen Schreibfehler enthält und die hineingeritzte Taube nun wirklich kein Kunstwerk ist, sondern eher an einen gerupften Geier im Sturmschritt erinnert.

Die Christen damals lehnten die unmenschliche Sklavenhaltung für sich als unvereinbar mit dem Geist der Nächstenliebe ab. Wenn also jemand den Weg zum Glauben an Jesus Christus fand und sich auf die Taufe vorbereitete, wurden etwa vorhandene Sklaven freigelassen, zumindest als Freigelassene behandelt. Die Christen darunter waren Brüder und Schwestern im Glauben, blieben bei 'ihrer' Familie, oft auch über den Tod hinaus. Für die bisherigen Herrinnen und Herren bedeutete dies ganz sicher eine totale Umstellung in der Lebensgestaltung bis in die Dinge des Alltags hinein — eben auch ein neues Leben.

Wer diese Isidora war, wissen wir nicht. Aber der ungeschickt geschriebene Zusatz 'Herrin' (lat. *»domina«*) mit der darüber geritzten Taube läßt die Vermutung zu, daß hier ein sehr einfacher Freigelassener als Christ bei ihr blieb. Auf der bereits fertig mit ihrem Namen beschrifteten Platte setzte er auf diese Weise ein Denkmal seiner dankbaren Zuneigung und Treue, möglicherweise erst nach dem Verschließen des Grabes. Wie wichtig ist da der Schreibfehler, die Schrift, die nicht so gelungene Taube?! Die treue Anhänglichkeit zählt, die verbindende Liebe, die Herrin und Freigelassenen gemeinsam auf das neue Leben und auf die Auferstehung vertrauen ließ: eine Liebe, die den Tod überdauert, weil er nicht endgültig ist.

Fragment der Grabplatte für *Isidora*. Kallixtus-Katakomben

10

Adam und Eva

Die alttestamentlichen Motive der frühchristlichen Kunst zeigen vielfach die Heilsverheißungen Gottes an Sein auserwähltes Volk des Alten Bundes, die auch für die Christen als Volk des Neuen Bundes gelten. In der Marcellinus-Petrus-Katakombe zeigt ein gut erhaltenes Fresko aus dem Ende des 3. Jhdts. die Ur-Eltern Adam und Eva gleich nach ihrem Sündenfall. Für die Christen war dies bildhaft die Erklärung des Glaubens für die damals wie heute brennende Frage nach der Entstehung des Bösen im Menschen, und gleichzeitig der Beginn der Heilszusage Gottes an Seine Geschöpfe.

Im heidnischen Rom der Antike gab es viel Gutes und Vorbildliches, und viele Menschen mühten sich darum, den Göttern treu und redlich zu dienen und die 'römischen Tugenden' zu leben. Aber manche überlieferte Reden und Schriften heidnischer Dichter, Politiker und Philosophen berichten ebenso von Sittenverfall, von allen möglichen Lastern, die Folge von Luxus oder auch von Armut und Elend der Massen. Die damaligen Christen wußten: ich selbst bin auch nicht gegen das Böse in mir gefeit, auch ich habe schon gesündigt und Schuld auf mich geladen. Und vor Versuchungen bewahrt mich weder meine Taufe noch mein Glaube. Warum ist das so? Warum können wir Menschen so sein, und müssen uns das auch eingestehen, wenn wir ehrlich sind? Die Sündenfallgeschichte (Gen 3) antwortet darauf in einem einfachen Bild, dessen Sprache und Form dem Verständnis und der Kultur der Menschen der Zeit entsprach, in der sie schriftlich niedergelegt wurde.

Adam und Eva lebten glücklich und zufrieden in dem Paradies, das Gott — wie alles in der Schöpfung — für sie gemacht hatte, und *»alles war gut«* (vgl. Gen 1). Er hatte ihnen klar umrissene Aufträge gegeben für ihr gemeinsames Leben, das noch von keinem Leid, keiner Schlechtigkeit berührt war. Der Schöpfer trug ihnen auf, sie sollten wachsen und sich mehren, und das sicher nicht nur körperlich

Adam und Eva nach dem Sündenfall. Marcellinus-Petrus-Katakombe

und durch die Zeugung von Nachwuchs. Genauso sollten sie auch innerlich wachsen und als Persönlichkeiten mehr werden, damit das Ebenbildliche Gottes, nach dem sie geschaffen waren, in ihnen immer deutlicher werden könnte. Zudem sollten sie fruchtbar sein, und dies wohl nicht ausschließlich durch ihre Kinder. Als Frau und Mann sollten sie fruchtbar sein für einander und für ihre Mitwelt, gemeinsam auch für alle ihre Nachkommen, denen sie die Schöpferaufträge weitergeben. Und sie sollten herrschen über die ganze Schöpfung — angefangen bei der eigenen Person — und dadurch allein Gott dienen. Das bedeutete nicht die absolute Verfügungsgewalt über die Schöpfung in eigener Willkür, nach Lust und eigenem Nutzen, sondern Verwaltung an Gottes statt und in Verantwortung vor Ihm.

Gott rief die Schöpfung ins Leben, aus reiner Liebe. Aber weil Liebe ihren vollkommensten Ausdruck erst in der Gegenseitigkeit einer Beziehung findet, wollte Er im Menschen einen Partner erschaffen, der diese Liebe wenigstens ahnend erkennen, freiwillig annehmen und ebenso frei auch mit seiner eigenen Liebe erwidern konnte. Denn echte Liebe ist ohne Freiheit, ohne Freiwilligkeit nicht denkbar, Liebe läßt sich weder erzwingen noch erkaufen. Und die Liebe Gottes war darauf bedacht, sein Geschöpf, den Partner Mensch froh und glücklich zu sehen. Er hatte ihm alles zu Füßen gelegt und ihm den Weg gezeigt, auf dem er sein Leben zutiefst befriedigend und sinnerfüllt gestalten konnte. Die Entscheidung, dieses Geschenk auch anzunehmen, lag und liegt immer beim Menschen.

Als der Mensch in der Sündenfallgeschichte — stellvertretend für die gesamte Menschheit, so lehrt es der christliche Glaube — vor dieser Entscheidung stand, hat er sie gegen Gott getroffen. Er hat Seine Liebe zurückgewiesen, wollte Ihm gleich sein an Allmacht und Allwissenheit, hat sich und seinen eigenen Willen aus Eigenliebe über die Liebe Gottes gestellt: jede Sünde ist in ihrem tiefen Wesen immer eine Verletzung der Liebe. Dabei hatte Gott ganz klar und deutlich gesagt, was dann auf den Menschen zukommt, nämlich Leid und Tod. Das war keine Strafandrohung, sondern Aufzeigen einer verhängnisvollen und leidvollen Konsequenz, die nicht Gott verschulden würde, sondern der Mensch selbst. Wer in das Feuer faßt, wird sich verbrennen, und das tut weh! Und so mußte der Mensch die Folgen seiner ersten Sünde am eigenen Leib spüren.

Kein Wunder, daß Adam und Eva sich ohne die Liebe so nackt und bloß vorkamen, daß sie sich dessen schämten. Ihr Erschrecken, ihre Angst, ihre Scham — nicht nur vor Gott, sondern auf einmal sogar voreinander — ist auf dem Fresko sehr gut zu erkennen. Diese Gefühle sind so stark, daß man noch den Schreckensschrei aus ihren geöffneten Mündern zu hören glaubt. Und trotzdem blieben sie so sehr in sich selbst verhaftet, daß sie nicht auf die naheliegende Idee kamen, zu ihrem Versagen zu stehen, Gott um Vergebung zu bitten und durch die Übernahme ihrer eigenen, persönlichen Verantwortung Wiedergutmachung anzubieten. Entsetzt, aber auch empört und vorwurfsvoll blickt Adam seine Eva an, gibt sogar Gott die Schuld an dem Unglück, schließlich hat Er sie ihm ja gegeben! Und Eva, ebenso uneinsichtig, schiebt die Schuld weiter auf die Schlange. So gibt es das Böse im Menschen, so kam Leid in die Schöpfung und die bittere Not des Sterbenmüssens.

Damals verhieß Gott den Menschen in ferner Zukunft einen Retter und Erlöser, weil Er sie immer noch liebte. In Christus ist diese Verheißung erfüllt, darauf bauten Seine Anhänger ihr Leben. Aber sie ließen sich hier, bei ihren lieben Toten auch daran erinnern: jeder ist selbst verantwortlich für seine Antwort auf das Angebot, das Gott auch ihm macht. Und darüber wird einmal Rechenschaft gefordert, wenn die ‘Stunde der Wahrheit’ schlägt.

11

Abraham - Vater des Glaubens

Abraham, der Stammvater des Volkes Israel, ist eines der größten Glaubensvorbilder des Alten Testamentes. Das herausragendste Ereignis ist seine Bereitschaft, auf Gottes Wunsch und Auftrag sogar seinen Sohn Isaak zu opfern (Gen 22, 1-20). Die in ihrer oberen Hälfte sehr gut erhaltene Darstellung dieses Opfers in der Priscilla-Katakombe entstand vermutlich um die Mitte des 3. Jhdts.

Im oft so leidvollen Geschick des Volkes Israel sahen die verfolgten Christen der ersten Jahrhunderte ihre eigene Situation. Immer wieder hatte das auserwählte Volk erfahren müssen: die Abkehr von Gott und Seinen Geboten führt am Ende in Not und Elend. Aber es gibt noch eine andere Erklärung für Unglück und Leid. Manchmal, so erzählte es die Bibel, wollte Gott auch den Glauben Seiner Getreuen an Ihn und Seine Verheißung auf seine Echtheit prüfen. Aber immer stand Er zu Seinem Versprechen, wie damals bei Abraham, und darauf verließen sich auch die Christen felsenfest.

Lange Jahrzehnte stand das Versprechen Gottes unerfüllt in Abrahams Leben, ihn zum Vater einer zahlreichen Nachkommenschaft zu machen. Er und seine Frau Sara waren schon sehr alt, als sich der erste Schritt der Verheißung endlich erfüllte durch die Geburt Isaaks, des innig geliebten Sohnes. Und dann tat Gott ein paar Jahre später etwas Unglaubliches: Er verlangte von Abraham die Opferung seines einzigen Sohnes! Zwar weiß der Leser des 22. Kapitels des Genesis-Buches gleich im ersten Vers beruhigt, daß Gott den Abraham nur auf die Probe stellen wollte. Aber Abraham wußte das nicht, und der junge Isaak hatte gar keine Ahnung von dem eigentlichen Auftrag seines Vaters. Wie unendlich schwer und sinnlos muß dem Abraham dieses Ansinnen Gottes vorgekommen sein!

Gott allein wußte um den Kampf im Herzen Abrahams, von seiner Angst um den geliebten einzigen Sohn. Gott allein wußte, wie schwer dem Abraham jeder Schritt fiel, der ihn, Isaak und die beiden

Abrahams Opfer. Priscilla-Katakombe

Diener näher zu der Opferstätte führte, wie er die Nächte mit Ihm rang und Ihn um Erklärung oder Erlösung anschrie. Aber Gott schwieg. Und Abraham ging weiter, unglücklich, und doch unerschütterlich in seinem Glauben: Ich verstehe Dich nicht, mein Gott, aber ich will Dir treu bleiben!

Im Gesicht Abrahams, in seiner ganzen Haltung sind die Spuren des inneren Kampfes zu sehen und zu spüren. Und trotzdem hat er das Feuer schon entfacht, ist bereit, dieses schwerste Opfer zu bringen, aus bitter errungener Liebe und Treue zu Gott.

Fragend schaut Isaak, der vertrauensvoll sein Bündel mit Brennholz auf der Schulter schleppt, auf seinen Vater: »Wo ist denn das Opferlamm?« — »Mein Sohn, Gott wird sich zur rechten Zeit sein Opferschaf aussuchen!« Genauso bewundernswert in seinem bedingungslosen Vertrauen auf seinen geliebten Vater läßt sich das Kind dann binden — und wird durch Gottes Eingreifen gerettet.

Auf das Geschenk einer solchen Errettung hofften auch die Christen. Wenn es aber nach dem Willen Gottes eine solche Lösung nicht in diesem irdischen Leben gab, dann wartete das unbeschreibliche Glück des ewigen Lebens mit Christus. Denn am Ende zählt nicht das

Leid, sondern die Treue im Glauben, wie bei Abraham: komme, was kommen mag — ich bin immer in Deinen guten Händen, denn Du bist mein Gott, mein ein und alles, meine Liebe und mein Leben! Diese Glaubensgewißheit ist nicht nur bei einzelnen Christen zu finden, sondern auch in ihrer Gemeinschaft der Kirche als dem Volk des Neuen Bundes. Denn aus dem Opfer Abrahams erschloß sich ihnen eine ganz neue und tiefe Dimension.

Dieser großartige Getreue Gottes kann nicht erfaßt haben, welch prophetische Worte er da zu seinem Sohn Isaak gesprochen hatte mit dem Hinweis auf das Opferschaf für Gott. Diese seine Worte sahen die Christen im Kreuzesopfer Jesu verwirklicht. Wenn schon Abrahams Liebe und Treue zu Gott so groß ist, daß er seinen einzigen Sohn Isaak zu opfern bereit ist, um wieviel größer muß dann die Liebe des Vaters im Himmel sein, der Seinen einzigen Sohn Jesus geopfert hat, um die Menschen zu erlösen! Isaak ist nichtsahnend mit seinem Vater zum Berg Moria gezogen, hat ihm sogar noch Last abgenommen. Als er merkte, daß er selbst das Opfer sein sollte, hat er sich trotz aller Todesangst und allen Entsetzens — eine Ahnung davon hat der Künstler auf seinem Gesicht festgehalten — nicht gewehrt und sich vertrauensvoll der Hand seines Vaters überlassen, bereit zu allem. Und um wieviel mehr trifft dies auf das Opfer Jesu Christi zu, der um Sein Schicksal wußte. Mit Ihm trugen die Christen ihr eigenes Leid, den eigenen Tod, gingen mit Ihm den Weg zum Kreuz, und in Seiner Opferliebe fanden sie ihre Stärke — bis hin zum jubelnden Lobgesang auf Gott in der Arena.

Das Geheimnis des Leidens findet seinen Sinn und seine Lösung nur im Geheimnis des Kreuzesopfers Christi, das sich vollendet in Seiner Auferstehung — ein Geheimnis des Glaubens, so kündet es auch dieses alte Bild.

12

Zwerg gegen Riese der Kampf des David

Im *'Cubiculum des David'* der Domitilla-Katakombe ist der Kampf des jungen David gegen Goliath abgebildet, den Feind des Gottesvolkes (1 Sam 17, 23-51). Dies ist eine der Geschichten des Alten Testaments, die gerade in den blutigen Verfolgungszeiten den Christen Hoffnung gaben und Mut machten. Das recht gut erhaltene Fresko dürfte vermutlich im 3. Jhdt entstanden sein.

Der junge David aus Bethlehem in Juda ist von Samuel bereits zum König von Israel gesalbt worden, wenn auch nur im engsten Kreis der Familie, unbemerkt von König Saul und der Öffentlichkeit. Bald darauf mußte Saul mit seinem Heer gegen die Philister in den Krieg ziehen. Er geriet in große Not, denn die feindliche Übermacht war erdrückend. Zudem kämpfte in den Reihen der Philister ein Held namens Goliath, ein Mann in der Blüte seiner Kraft, riesig gebaut und schwer bewaffnet. Dieser Goliath war sich seiner Stärke so sicher, daß er König Saul und seinen Truppen sogar anbot — mit offenkundigem und schierem Hohn —, den Krieg mit Israel vom Ausgang eines Zweikampfes abhängig zu machen. Wenn jemand aus Sauls Heer sich ihm zu stellen überhaupt genügend Mut aufbrächte, dann habe der Sieger des Zweikampfes auch den ganzen Krieg gewonnen. Tag für Tag stellte sich Goliath so hin, verspottete und verhöhnte Saul und dessen Truppen. Und weder der König selbst noch einer seiner Krieger traute sich, die Herausforderung anzunehmen.

Der junge David kam eigentlich eher zufällig im Kriegslager an. Er sollte seinen drei älteren Brüdern mit einem schönen Gruß vom Vater nur etwas Geld bringen und einige Leckereien von daheim, und auch 'etwas Gutes' für den Herrn Hauptmann. Bei seiner Ankunft brachen die Israeliten gerade zum Kampfplatz auf. David lief neugierig mit und mußte anhören, wie Goliath sein prahlerisches Angebot machte, wie er Saul und die Israeliten wieder schmähte — und das nun schon seit mehr als 40 Tagen!

Im Vertrauen auf die Kraft Gottes bot David dem König an, den großsprecherischen Goliath zu besiegen, Israels Ehre zu retten und damit vor allen zu beweisen, daß der Gott Israels der Herr ist. Aus dem Gespräch zwischen Saul und David wird deutlich, wie groß der Kräfteunterschied zu Goliath war: David war ein Jugendlicher, fast noch ein Kind, ungeübt mit Kriegswaffen und Rüstung, der riesenhafte Goliath hingegen war ein kampferprobter Mann, der das Kriegshandwerk von Jugend an gelernt und geübt hatte. Der Ausgang der Geschichte ist bekannt, David bezwang den Goliath im Namen Gottes und streckte ihn mit dem ersten Stein seiner einfachen Hirtenschleuder nieder.

Das Fresko zeigt David aus der Perspektive Goliaths. Kraftvoll angespannt eilt der junge Held auf seinen Gegner zu, der unbekannte Künstler hat David mitten im schnellen Schritt dargestellt. Mit dem linken Arm drückt er die Hirtentasche mit den Steinen an seinen Körper, damit sie ihn beim Laufen nicht behindert, und mit seiner Rechten läßt er die gefüllte Schleuder bereits kreisen. Er sieht zuversichtlich und siegesbewußt aus, weiß er doch, Gott ist mit ihm, er kämpft für Ihn, und das kann nur Sieg bedeuten.

David mit der Schleuder. Domitilla-Katakombe

David ist die Schlüsselperson zum Verständnis des Bildes. Geboren in Bethlehem, wurde er im ausdrücklichen Auftrag Gottes zum König gesalbt (1 Sam 16, 12), wenn auch sein Königtum in der Öffentlichkeit vorerst noch verborgen blieb. Die Götzen anbetenden Philister brachten das auserwählte Volk Israel in schwerste Bedrängnis. Das war nicht nur ein bloßer Streit zwischen zwei benachbarten Völkern, sondern ein 'Aufstand der Götter gegen Gott', ein Kampf der heidnischen Götzen gegen den Einen und Wahren Gott Israels. Und diesen Kampf gewann der Gesalbte Gottes, so aussichtlos und von vornherein verloren er für das Volk Israel auch zunächst schien.

David ist damit nicht nur eines der vielen Heilszeichen des Alten Testamentes, sondern dazu ein Vor-Bild für Christus selbst. Jesus, aus dem Geschlecht des Königs David, wurde in Bethlehem geboren und ist 'der Christus', wörtlich übersetzt 'der Gesalbte' Gottes. Auch Seine Salbung, Sein Königtum ist zunächst nur Seiner eigenen Familie der Getauften bekannt. Und Christus wird wie damals David auch helfen, die Not und die Bedrängnisse der Verfolgungszeiten zu überwinden.

Auf dem Bild wie auch in der damaligen Gegenwart der verfolgten Christen ist die Auseinandersetzung noch in vollem Gang. Aber der Glaubende weiß schon um deren Ausgang. Der jugendliche David stürmt kraftvoll auf seinen Gegner zu, nur noch wenig trennt ihn von seinem endgültigen Sieg, er ist unaufhaltbar — welch eine Glaubenszuversicht spricht aus diesem Bild!

13

Die Versuchung der Susanna

Heilsverheißung und Trost in der Verfolgungszeit — diese Haupt-Themen alttestamentlicher Motivauswahl verbinden sich in der Susanna-Geschichte (Dan 13). Die Freskodarstellung in der Priscilla-Katakombe dürfte um den Beginn des 3. Jhdts. entstanden sein.

Die schöne Susanna hatte alles, was ihr Herz nur begehren konnte. Sie und ihr wohlhabender und einflußreicher Mann waren einander in Liebe verbunden, beide von untadeligem Ruf und hoch geachtet, und Gott war beiden das gemeinsame Lebenszentrum. Für die jüdische Gemeinde war ihr Haus ein gesellschaftlicher Mittelpunkt, und zu den regelmäßigen Besuchern gehörten ganz selbstverständlich auch die beiden Richter. Diese hatten sich in die schöne Susanna verliebt, an sich ja verständlich und durchaus verzeihlich. Aber dann warfen sie lüsterne Blicke auf die junge Frau, spürten ihr nach, zunächst nichts von der gleichen Leidenschaft des jeweils anderen wissend. Als sie sich gegenseitig beim »Spannen« ertappten, taten sie sich zusammen, um Susanna zum Ehebruch mit ihnen zu verführen, sie durch Drohungen zu erpressen.

An einem heißen Nachmittag nahm Susanna im Garten ein Bad. Den beiden aufdringlichen Lüstlingen dort hilflos und allein ausgeliefert, stand sie vor einer für sie gleichermaßen entsetzlichen und tödlichen Wahl. Gab sie deren Drängen nach, verginge sie sich vor Gott und vor Seiner Stimme in ihrem Gewissen — die Last dieser Sündenschuld würde sie innerlich umbringen. Widersetzte sie sich den beiden Alten, so hatten jene schon die Verleumdung bereit, die ihr tatsächlich den Tod bringen würde, den vom Gesetz vorgeschriebenen Tod durch Steinigung wegen Ehebruchs. Und wer würde es wagen, diesen angeblichen Ehebruch in Frage zu stellen oder gar zu leugnen, wenn die Zeugen ausgerechnet die Richter sind? Für Susanna war eines klar: sie würde sich nach Gott richten und ihrem Gewissen folgen, auch wenn es sie das Leben kosten sollte. So schrie sie nach Hilfe, und die beiden gierigen Alten auch, die ja nun ihre Niedertracht tarnen mußten.

Daniel (links) vor dem Gerichtshaus, Susanna als Orante, die beiden Ankläger.
Priscilla-Katakombe

Am nächsten Tag kam es zum öffentlichen Verfahren nach dem mosaischen Gesetz.

Das Volk war gerührt, gleichermaßen ob Susannas Schönheit wie ihres unschuldigen Aussehens, aber gegen die gemeinsame Aussage von zwei so hochrangigen Zeugen half keine Schönheit und kein unschuldiges Aussehen, auch nicht ihr bisher so makelloser Ruf. Die beiden Richter beschworen die Wahrheit ihrer lügenhaften Verleumdung, der armen Susanna blieb nur der Hilfeschrei zu Gott, der um ihre Unschuld wußte. Und Gott erhörte sie, Er erfüllte mit Seinem Geist einen jungen Mann, fast noch ein Knabe, mit Namen Daniel.

Daniel konnte das so schnell gefällte Todesurteil und dessen sofortige Vollstreckung nicht mit seinem Gewissen vereinbaren. Mit dem lauten Ausruf »Ich bin unschuldig an ihrem Blut!« warnte er vor einem vorschnellen und falschen Urteil. Die Ältesten und das Volk erkannten die Weisheit in Daniel, und dieser entlarvte die beiden gewissenlosen Verleumder in der Einzelvernehmung und brachte so die Wahrheit an den Tag. Susanna war frei, die Strafe ereilte die Missetäter auf dem Fuße, und alle dankten Gott und gaben Ihm die Ehre.

Die Heilszusage Gottes richtet sich nicht nur an das Gesamt der erlösungsbedürftigen Menschheit wie damals bei der Vertreibung aus dem Paradies. Die Geschichte der Susanna versicherte den Christen: Er wird das inständige Gebet eines jeden Bedrängten erhören. Es gilt, auf Ihn zu vertrauen, Seiner Stimme zu folgen, die jedoch wohl nur der hören kann, der sein Gewissen auch auf Ihn ausrichtet. Ein solches Gewissen wird dann den rechten Weg weisen und die Kraft schenken, diesen rechten Weg auch aus Seiner Kraft zu gehen. Und nur darauf kommt es an vor Gott. Ob Er dann direkt eingreift wie damals durch Daniel oder nicht, das ist Seine Entscheidung allein.

In der Verfolgungszeit mußte so mancher seine Gewissenstreue und seine Liebe zu Christus sogar mit dem Leben bezahlen. Trotz aller sicher auch vorhandenen und verständlichen Angst sind viele Christen diesen Weg gegangen, denn er endete ja nicht mit dem Tod. Und dabei wußten sie auch: das Gericht kommt für alle, und ganz gewiß!

14

Leben aus Jesus Christus

In Jesus Christus haben die alttestamentlichen Heilsverheißungen ihre Erfüllung gefunden. Die immer wieder dargestellten Ereignisse aus Seinem Leben werden nicht nur verstanden als historisches Geschehen, sondern sind auch und vor allem Glaubensaussagen: Jesus Christus schenkt Heil für den ganzen Menschen, für seinen Körper wie für seine Seele, Er ist das Leben und die Auferstehung. Zugang zu diesem Heil gewähren vor allem die Sakramente der Taufe und der Eucharistie, deren Freskodarstellungen aus dem Beginn des 3. Jhdts. z.B. in den *»Sakraments-Kapellen«* der Kallixtus-Katakomben erhalten sind. In einer von ihnen sind auf die Rückwand zwei der *»fossores«* gemalt, der unermüdlichen Erbauer dieser unterirdischen Welt.

Im Zentrum der rückwärtigen Wand sitzen sieben Personen an einem Tisch. Vor ihnen liegen zwei Fische auf Platten, rechts und links neben dem Tisch erkennen wir Brotkörbe. Dieser zentrale Mittelpunkt wird eingeleitet durch die Darbringung der Gaben gleich links daneben, und er klingt auf der rechten Seite aus mit einer Darstellung des Paradieses.

Das heidnische *»refrigerium«*, eine Art Gedächtnismahlzeit für die Verstorbenen, erfährt hier eine neue Deutung. Die heilige Zahl *Sieben*, aus der jüdischen Tradition übernommen, kennzeichnet für die Christen die Heiligkeit dieser Mahlgemeinschaft: es ist das eucharistische Mahl, in dem Brot und Wein dargebracht und in geheimnisvoller Weise zu Christi Leib und Blut werden. Die Brotkörbe, eine Erinnerung an das Wunder der Brotvermehrung, unterstreichen dies. Die Gemeinschaft derer, die sich beim heiligen Mahl in den gewandelten Gaben mit ihren geliebten Herrn stärken, wird sich im Paradies fortsetzen für immer und ewig.

Der Mittelteil der linken Wand ist dem Sakrament der Taufe gewidmet, das den Christen den Zugang zu dieser Mahlgemeinschaft und damit zum Gottesreich ermöglicht. Der Angler ganz links, nicht mehr vollständig erhalten, wurde von den Christen, nach einer Schrift Tertullians (etwa 160 bis 220 n. Chr.) über die Taufe, verstanden als

Die dritte *Sakramentskapelle* in den Kallixtus-Katakomben.
Blick auf die linke und die rückwärtige Wand

Christus, der die Menschen im Taufwasser für sich einfängt. Im Mittelpunkt der Wand steht beispielhaft Jesus selbst im Jordanwasser und empfängt von Johannes die Taufe (vgl. Mt 3, 13-17). Die ebenfalls unvollständig erhaltene Darstellung rechts daneben stellt den seit 38 Jahren Gelähmten dar, der nach seiner Heilung durch Jesus im Wasser des Teiches Betesda an Seele und Leib gesund seine Liege nahm, heimging und im Tempel Gott dankte (Joh 5, 1-14).

Der obere Teil der sichtbaren Wände enthält drei Szenen des alttestamentlichen Buches Jona. Dieser jüdische Prophet wurde von Gott zu den Heiden in Ninive gesandt, um sie zur Abkehr von ihrem sündigen Treiben zu bewegen. Auf der Flucht vor diesem Auftrag geriet Jona mit dem Schiff in einen starken Sturm. Um die Besatzung zu retten ließ er sich ins Meer werfen; auf der linken oberen Wand steht Jona in Orantenhaltung schon im Schiffsbug. Ein riesiger Fisch verschlang ihn dann, der ihn nach drei Tagen an den Strand vor Ninive ausspie: auf der rechten oberen Wandseite mit einem sehr phantasievoll gemalten Ungeheuer zu erkennen. Nach erfolgreicher Bußpredigt ruhte sich Jona am Rand der Stadt unter einem Strauch aus, diese Szene sehen wir oben an der Mittelwand.

Als Jesus von Seiner Auferstehung sprach, wies Er selbst auf das Zeichen des Jona hin (vgl. Mt 12, 39 und 16, 4; Mk 8, 12 sowie Lk 21, 7). Damit wurde für die Christen die Gestalt des Jona auch zum symbolischen Ausdruck ihres Glaubens an die eigene Auferstehung und an das ewige Leben bei und mit Christus.

Diese Wandbilder verkünden den damaligen Grabbesuchern und Betern eine Botschaft. Legen wir sie den beiden *»fossores«* in den Mund, die mit ihren Hacken links und rechts an der Mittelwand zu sehen sind: »Ihr steht hier an den Gräbern eurer Lieben, betet für sie und gedenkt ihrer. Hört doch, wie sie euch zurufen:

Durch die Taufe haben wir Zugang gefunden zu einem neuen und sinnerfüllten Leben aus der Frohbotschaft Christi. In den Freuden wie in den Mühen unseres Alltags haben wir gemeinsam und froh Sein Mahl gefeiert, das uns Kraft gab zum Durchhalten, selbst wenn das Bekenntnis zu Ihm lebensgefährlich war. Nun ruhen wir gemeinsam aus, wie Jona, in froher Erwartung des neuen Lebens, das Jesus versprochen hat und woran die Taube erinnert. Macht es doch ebenso, dann sehen wir uns eines Tages im Himmel wieder!«.

Der Riesenfisch speit Jona aus. Rechte Seite der 3. *Sakramentskapelle* in den Kallixtus-Katakomben

15

Lazarus

Wenn Menschen Christus begegnen, kann sich für sie alles ändern. So berichten die Evangelien nicht selten von Heilung der Seele und des Körpers durch den Herrn. Die Begegnung Jesu mit Seinem verstorbenen Freund Lazarus, hier als Fresko aus dem 3. Jhdt. in der Priscilla-Katakombe, machte den Christen deutlich, wie tiefgreifend sich Sein lebensspendendes Wort auswirkt.

Die Lazarusgeschichte des Johannes-Evangeliums (Joh 11, 1-45) ist eine großartige und bewegende Schilderung der Menschlichkeit und zugleich der Göttlichkeit Jesu, welche die damaligen Christen zutiefst angesprochen hat. Die vielen tröstlichen und frohmachenden Gedanken, zu denen die Auferweckung des Lazarus die Gläubigen damals angeregt haben mag, war wohl mit ein Grund dafür, daß die Kernszene in fast allen Katakomben mehrfach zu sehen ist: Lazarus erscheint, von Jesus ins Leben zurückgerufen, am Eingang seines Grabes im Sonnenlicht.

Jesus war gern in Betanien, einem Dörfchen nicht weit von Jerusalem entfernt. Dort lebten Lazarus und dessen Schwestern Marta und Maria. Eine herzliche Freundschaft verband sie mit Jesus, der sich gelegentlich zu ihnen zurückzog. Als Er diesmal in Betanien ankam, gerufen von der Nachricht der schweren Krankheit des Freundes, fand Er tiefe Trauer, denn Lazarus war schon vor drei Tagen verstorben. Und das machte Ihn selbst so traurig, bewegte Ihn zutiefst, daß Er in Tränen ausbrach. Jesus kennt den Abschiedsschmerz beim Tod eines lieben und vertrauten Menschen, Er weiß um Trauer und Tränen. Damit ist Er den Trauernden in den Katakomben sehr nahe und verbunden, Er, der Mensch Jesus.

Aber auch das Göttliche brach aus Ihm heraus und wurde erfahrbar. *»Ich bin die Auferstehung und das Leben. Wer an Mich glaubt, wird leben, auch wenn er schon gestorben ist!«* (Joh 11, 25), sagte Er zur Schwester des Verstorbenen. Und gleichsam als Beweis rief Er Lazarus, der seit drei Tagen in seinem verschlossenen Grab ruhte und

Die Auferweckung des Lazarus.
Priscilla-Katakombe

schon zu verwesen begann, mit machtvoller Stimme in dieses Leben zurück. So ist für die damaligen Christen diese Totenerweckung nicht nur ein glaubwürdiges Vor-Bild für die Auferstehung ihres Herrn, der am dritten Tag von den Toten erstand. Sie ist zugleich für sie auch die ungeheuer tröstliche und kraftvolle Zusage ihrer eigenen Auferweckung vom Tod, Verheißung ewigen Lebens für jeden, der glaubt.

Aber christlicher Glaube, der nicht gelebt wird, bleibt tot und unfruchtbar. Das haben damals viele der Christen bis zur letzten Konsequenz gelebt. So wollte die frühchristliche Kunst nicht nur belehren, trösten, sondern die Frohbotschaft des Glaubens auch 'übersetzen' für die Lebenswirklichkeit der Glaubenden, eben Wegweiser sein. Christ

ist man nicht, Christ muß jeder jeden Tag immer wieder neu und mehr *werden*, und wo es Not tut, auch durch Umkehr. So mag gerade die Lazarus-Szene den damals mit dem Herzen lauschenden Christen gesagt haben:

Lazarus im Grab — das bist manchmal auch du! Auch du bist manches Mal eingewickelt in Totenbinden, mit verhüllten Augen, die Arme und Beine gefesselt, der Mund verschlossen wie auch die Ohren. Auch wenn du das nicht merkst, bist du dann eigentlich tot. Du bist vom richtigen und wahren Leben ebenso abgeschnitten wie Lazarus in seinem Grab, das der schwere Stein noch verschließt. Das, was dich dann einengt und fesselt, kann viele Namen haben:

Deine Liebe zu dir selbst ist von Gott gewollt und darum auch natürlich, sie hält dich am Leben, sorgt für dich; aber wenn deine Liebe nur noch dir selber gilt und zum Egoismus wird, zur Eigensucht, wird diese Totenbinde dein Ich ersticken...

Deine Hände und deine Arme hat Er gemacht, damit du dich selbst verwirklichen sollst und Seine Schöpferaufträge verwirklichst: Hände zum Geben und Nehmen, zum Streicheln und Verzeihen, zum Heilen und zum Helfen. Gebrauchst du sie nur für dich selbst, nur noch zum Nehmen, oder gar zum Schlagen und Verletzen, fesselst du dich selbst — und andere...

Deine Beine und deine Füße sollen dich weite Wege tragen, in deine Welt hinein, zu anderen Menschen hin, zu lohnenden Zielen, und immer, wenn nötig, auch auf den Weg der Umkehr. Wenn du aber beginnst, mehr und mehr um dich selbst zu kreisen, um deine eigenen Interessen, Wünsche und Begierden, dann wirst du unbeweglich...

Dein Mund wurde dir gegeben von Ihm, um damit Brücken zu schlagen in die Welt und zu den Menschen mit dir, Brücken deines Wissens und Könnens wie auch der Menschlichkeit und deines Verständnisses, Brücken der Liebe und des Verzeihens. Verschließe ihn dir nicht selbst durch Neid, Mißgunst, Schadenfreude und Verletzenwollen. Denn Worte können umbringen, und nicht nur den, an den sie gerichtet sind, sondern auch den, der sie sagt...

Du hast die Augen und die Ohren deines Körpers wie auch deines Herzens. Öffne sie für die neben und mit dir genauso weit wie für dich selbst, sonst wirst du blind und taub...

Laß dich von Jesus Christus in das Leben hineinrufen, in dein Leben mit Ihm hier und jetzt, und nach deinem Tod auf ewig.

16

Wovon schon Amor, Orpheus und Odysseus künden

Die heidnische Antike griff in ihrer Kunst gern Themen ihrer Mythen- und Sagenwelt auf. Die Geschichten von Amor und Psyche, die Irrfahrt des Odysseus, Orpheus in der Unterwelt z.B. sollten den Betrachter erfreuen, aber auch an wesentliche menschliche Werte erinnern. Gerade letzteren Gedanken griff die frühchristliche Kunst gelegentlich auch in den Katakomben auf und deutete ihn weiter und tiefer: in Jesus Christus finden diese Werte sich in vollkommener Weise verwirklicht.

Eine alte Sage erzählt: Psyche war ein wunderschönes Mädchen, und Amor, ebenfalls von sehr schöner Gestalt, entbrannte in unsterblicher Liebe zu ihr. Zunächst spielte sie nur mit dieser Liebe, gab dann aber seinem Werben nach und verlobte sich mit ihm. Die Größe und Tiefe ihrer eigenen Liebe zu ihm wurde ihr jedoch erst richtig bewußt, als sie die Trennung von Amor verschuldete. Beide kostete es viele Mühen und das Bestehen mancher Abenteuer, bis ihre Treue, ihre Liebe und ihr Einsatz füreinander von den Göttern mit dem gemeinsamen Glück belohnt wurde.

Orpheus, so ist im griechischen Mythos zu lesen, hatte eine Stimme von außergewöhnlicher Schönheit und Ausdruckskraft. Wenn er zu seiner Lyra sang, konnte niemand anders, als ihm innerlich getroffen und bewundernd zu lauschen. In Orpheus' Liedern wurde das, was er vortrug, in den Herzen seiner Zuhörer lebendig: die Schönheit der Natur, die Liebe und Freundschaft von Menschen und Göttern, das Säuseln des Windes wie die mächtige Brandung des Meeres. Sogar die Vögel des Himmels oder die wilden Tiere lauschten wie gebannt seinem Gesang. Sie vergaßen alle Feindschaft untereinander und hörten ihm einträchtig und friedlich zu.

Eines Tages starb Eurydike, seine geliebte und treue Ehefrau und mußte hinab in das Reich der Schatten. Orpheus, untröstlich über diesen Verlust, machte sich auf den Weg, um seine Eurydike in der Unterwelt wiederzufinden. Nach vielen Mühen und Gefahren fand er den Eingang zum Schattenreich und konnte zum Fürsten der Unterwelt vordringen, zu König Hades. Unter den umherirrenden Schatten er-

Amor und Psyche im Paradies, Ende 3. Jhdt. Domitilla-Katakombe

'Cubiculum des Orpheus': in der Mitte der Rückwand *Orpheus inmitten der lauschenden Tiere*. Mitte 4. Jhdt., Domitilla-Katakombe

blickte Orpheus auch seine geliebte Eurydike und erbat um seiner Liebe willen deren Freigabe und Wiederkehr zum Leben. Liebe, so wandte Hades ein, sei ein Gefühl, und die Toten seien ebenso wie er, der König, keiner Gefühle fähig. Diesem Wunsch könnte er deshalb nicht entsprechen. Wenn es jedoch wirklich gelänge, daß Orpheus mit seinem Gesang die Schatten zu Gefühlen bewegen könne, dürfe Eurydike mit ihm zurückgehen — andernfalls müsse sie im Schattenreich bleiben.

Nun begann Orpheus mit seiner Lyra und sang von seiner großen Liebe zu Eurydike, von ihrer Treue, Hingabe, ihrer Tugend und Schönheit, von ihrem gemeinsamen Glück, von seiner tiefen Sehnsucht nach ihr, daß alle Schatten zutiefst bewegt waren. Selbst König Hades, von diesem wunderbaren Gesang berührt, hatte Tränen in den Augen. So durfte Orpheus seine geliebte Ehefrau mit zurück in das Leben nehmen. Und wenn Eurydike sich nicht beim Ausgang aus dem Schattenreich, dem ausdrücklichen Verbot des Hades zuwider, noch einmal umgeschaut und zurückgeblickt hätte, dann wären ihr und Orpheus noch ein langes und glückliches gemeinsames Leben beschieden gewesen. So aber mußte sie endgültig zurück in das Reich der Schatten und des Todes.

Der griechische Dichter Homer erzählt, daß Odysseus auf seiner jahrelangen Heimreise nach der Eroberung Trojas gemeinsam mit seinen treuen Gefährten viele gefährliche Abenteuer zu bestehen hatte. So kam sein Schiff einmal auch in die Nähe der gefährlichen Sirenen. Das waren furchterregende Fabelwesen, allerdings mit menschlichen Gesichtern und menschlicher Stimme. Mit ihrem betörenden Gesang lockten sie alle Reisenden in die Strudel eines verderbenbringenden Meeresabgrunds.

Die Klugheit des Odysseus verfiel auf die rettende Lösung: er verschloß seinen rudernden Gefährten die Ohren mit Wachs und wies sie an, nur auf ihn zu schauen, er werde sie erretten. Sich ließ Odysseus am Schiffsmast festbinden. So wollte er selbst den Sirenen widerstehen, aber seinen Freunden an den Rudern den richtigen Weg weisen können. Damit ist die lange Reihe der Abenteuer aber noch längst nicht beendet. Der Held hatte mit seinen Gefährten noch viele Gefahren zu bestehen, denn diese rettende Idee war eben nicht die endgültige Lösung.

In der heidnischen Antike waren die Mythen und Heldensagen auch ein Ausdruck der hohen Wertschätzung von traditionellen Tugenden wie eheliche Liebe und Treue, Zuverlässigkeit, Mut und Tapferkeit, Einsatz für das Vaterland. Mit diesen Tugenden konnten sich die Christen problemlos identifizieren in ihrer Lebensgestaltung: in der

Odysseus, seine Gefährten und die Sirenen. Fragment eines Sarkophags, Kallixtus-Katakomben

liebevollen und treuen christlichen Ehe oder der zärtlich-enthaltsamen Vorbereitungszeit darauf, in ihren Berufen, als Sklaven heidnischer Herrschaften, als zuverlässige Handwerker und treue Verwaltungsbeamte, als tapfere Soldaten und Offiziere im römischen Heer. Zusätzlich aber erkannten sie in einzelnen Episoden dieser heidnischen Mythen auch symbolische Hinweise auf das Erlösungswerk Christi. Sie deuteten solche Personen und ihre Geschichte als Lehrbeispiele, als noch unvollkommene Vor-Bilder für das, was Jesus Christus dann in Wirklichkeit und ganz vollendet dem Menschen anbietet, der bereit ist, Ihm sein Herz zu öffnen:

Amor und Psyche — bei den Römern verstanden als Sinnbilder für die körperliche und die geistig-seelische Liebe — brauchten lange Zeit und hatten viele Mühen zu bestehen, bis sie endlich vereint waren. Die Liebe Christi und die Liebe zu Ihm befähigen den Menschen, in rechter — auch enthaltsamer — Weise das Lieben zu lernen, in der Ehe liebevoll und treu zueinander zu stehen und das Paradies zu erlangen. Die Liebe Christi, aus der heraus Er alle Mühen und Plagen, sogar den Tod auf Sich nahm, befreit zur Liebe und zum Lieben.

Orpheus, dieser treue und liebevolle Gatte, der für seine Frau alles ihm mögliche auf sich nahm, er sang mit seiner so wunderbaren Stimme seine geliebte Eurydike in ein vergängliches Leben zurück — und verlor sie. Christus ruft ins unvergängliche Leben, er hat und ist *das* Wort des Lebens, und wer auf Ihn hört, braucht den Tod nicht mehr zu fürchten.

Die Idee des Odysseus bei der Gefahr durch die todbringenden Sirenen war genial. An den Mast gefesselt rettete er die Gefährten und sich auch tatsächlich, aber nur dieses eine Mal, und für weitere Reisende bestand die tödliche Bedrohung weiter. Christus hingegen hat sich für alle Menschen an das rettende Kreuz binden lassen, und nun weist Er allen Menschen den rechten Weg durch alle Versuchungen zum sicheren und endgültigen Hafen.

17

Die Krypta der Päpste

Den Bischöfen von Rom, angefangen vom hl. Petrus, wurde schon immer besondere Achtung und Verehrung gezollt, denn in ihnen sahen die Christen das Fundament der Kirche (s. Mt 16, 18-19). In den Kallixtus-Katakomben, als dem ersten offiziellen Gemeindefriedhof, ruhten einmal 16 Päpste des 3. und 4. Jhdts. Allein neun von ihnen fanden ihre Grablege in der *'Krypta der Päpste'*. Von einigen Gräbern sind bei den Ausgrabungsarbeiten Reste ihrer Grabplatten wiedergefunden worden. In griechischer Schrift ist neben einigen Namen noch der Zusatz *'Bischof'* zu sehen — 'Bischof von Rom' ist der ursprüngliche Titel der Päpste —, und auch abgekürzt *'Martyr'*. Von der Ausschmückung der Krypta im 4. Jhdt. durch Papst Damasus I. zeugt z.B. noch die originale Marmorplatte an der Frontwand mit einem Gedicht in lateinischen Versen.

Die Papstkrypta, schon in der Verfolgungszeit viel besucht, ist sozusagen das 'Herz' der Kallixtus-Katakomben. Die Namen der Päpste, die hier bis zu ihrer Übertragung in die Innenstadt geruht haben, erinnern nicht nur an die Männer, die als Nachfolger des hl. Petrus das Amt des Bischofs von Rom innehatten, und an ihr persönliches Schicksal. Sie rufen auch die Geschichte der römischen Kirche im dritten Jahrhundert ins Gedächtnis, eine Zeit heroischen Glaubensmutes in blutiger Verfolgung, eine Zeit des Suchens nach dem rechten Verstehen der Person und Lehre Jesu, eine Zeit menschlichen Irrens, aber vor allem eine Zeit der unaufhaltsamen Verbreitung der Frohbotschaft Christi.

Als der gebürtige Römer Pontianus am 21. Juli 230 zum Papst gewählt wurde, war Kaiser Alexander Severus (222-235) den Christen recht wohlgesonnen. Aber in der Kirche Roms herrschte Zwietracht. Der Priester Hippolyt hatte schon die Wahl der Päpste Kallixtus (217-222) und Urban I. (222-230) bekämpft und sich zum Gegenpapst wählen lassen. Nun war er wieder unterlegen. Wie seine beiden Vorgänger hatte auch der hl. Pontian viel unter den Verleumdungen und der Feindseligkeit Hippolyts zu leiden. Im Jahr 235 kam der Soldatenkaiser Maximinus Thrax († 238) an die Macht. Im gleichen Jahr noch verurteilte er Pontian zur Zwangsarbeit in den Bergwerken Sardiniens. Hier verzichtete der Papst am 28. September 235 auf sein Amt, damit die Kirche nicht ohne Hirte sein mußte. Dieser Verzicht erfolgte nicht nur aus seelsorgerischer Verantwortung, sondern Pontian ermöglichte so auch dem gleichfalls gefangenen Hippolyt die Versöhnung und Umkehr. Die sterblichen Reste Pontians wurden unter Papst Fabian nach Rom übertragen und in dieser Krypta zur Ruhe gebettet. Neben seinem Namen sind die Abkürzungen für *Bischof* und für *Martyr* zu lesen.

Am 21. November 235, noch zu Lebzeiten des zurückgetretenen Pontian, wurde Anterus auf den Bischofsstuhl von Rom gewählt. Fast unmittelbar darauf ließ ihn Maximinus Thrax ins Gefängnis werfen. Er starb nach einem Ponifikat von nur 43 Tagen, noch vor dem Tod seines Vorgängers. Die Grabplatte mit seinem Namen befindet sich auf der linken vorderen Wandhälfte.

Ihm folgte im Petrus-Amt der gebürtige Römer Fabianus (236-250). Seine Grabinschrift sieht man über der von Papst Pontian, mit den Zusätzen 'Bischof' und 'Martyr'. Gleich nach dem Tod des hl. Anterus gewählt, leitete er die Kirche als gütiger Seelsorger und weitsichtiger Organisator. Die Kaiser Gordian III. (238-244) und Philippus Arabs (244-249) gönnten der Kirche eine Zeit relativen Friedens, und die Christengemeinde Roms blühte und gedieh. Deshalb richtete Papst Fabian in der Stadt sieben Seelsorgsbezirke ein und teilte jedem einige Katakomben zu. Dann kam Kaiser Decius (249-251) an die Macht, er setzte die Verfolgungsdekrete sofort wieder in Kraft. Am 20. Januar 250 wurde Fabian verhaftet, vor Gericht gestellt und zum Kaiser-Opfer aufgefordert. Seiner Weigerung folgte noch am gleichen Tag der Tod durch das Schwert.

Der nächste in diesem Raum beigesetzte Papst war der hl. Lucius I. (253-254). Der Grabplattenrest mit seinem Namen ist auf der linken Seite in der hinteren Wandhälfte zu sehen. Er folgte dem hl. Martyrerpapst Cornelius (251-253) auf dem Petrusstuhl, in einer anderen Krypta der Kallixtus-Katakomben beigesetzt. Unter Kaiser Trebonianus Gallus (251-253), der die Verfolgungspolitik seines Vorgängers Decius fortsetzte, wurde Lucius unmittelbar nach seiner Papstwahl zur Verbannung verurteilt. Als der Kaiser dann von seinen Soldaten ermordet wurde, folgte ihm Valerian (253-260) auf dem Thron. Dieser hob das Verbannungsurteil auf, und die Gläubigen in Rom konnten den Papst mit großer Freude wieder in der Stadt begrüßen. Lucius war jedoch völlig entkräftet und krank, und so starb er bald darauf in Rom, im Jahr 254, nach nur achtmonatigem Pontifikat.

Als sein Nachfolger wurde wurde Stefan I. (254-257) zum Papst gewählt. Kaiser Valerian wie auch sein Sohn und Mitkaiser Gallienus (253-268) waren in ihren ersten fünf Regierungsjahren dem Christentum gegenüber tolerant, und so hatte die Kirche nach außen Frieden. Dafür mußte der Papst immer wieder in Glaubensstreitigkeiten ein-

Die Krypta der Päpste in den Kallixtus-Katakomben

greifen und über die wahre Lehre wachen. Auch er wurde in der Papstkrypta beigesetzt, jedoch konnte seine Grabplatte bis heute nicht aufgefunden werden.

Am 30. August 257 trat Sixtus II., wohl aus Griechenland gebürtig, die Nachfolge des hl. Stefan an. Im gleichen Monat vollzogen die Kaiser Valerian und Gallienus eine drastische Kehrtwende in ihrer Politik den Christen gegenüber: Verbannung, Enteignung, Todesstrafe drohten wieder, die Kirchengüter wurden eingezogen, sogar das Betreten der Katakomben wurde mit Enthauptung bedroht. Etwa ein Jahr später, am 6. August 258, wurde Papst Sixtus auf dem Gelände der Kallixtus-Katakomben bei einem Gottesdienst von kaiserlichen Soldaten ertappt und noch am selben Tag mit dem Schwert hingerichtet. Man setzte ihn in der Stirnseite der Papstkrypta bei. Mit dem in lateinischen Hexametern geschriebenen Gedicht auf der Marmorplatte davor erinnerte der hl. Damasus, der 'Dichter-Papst' an ihn, an seine Gefährten im Tod, und an die sterblichen Reste derer, die in diesen Katakomben ruhen. Der Steinmetz Filocalus führte die Arbeit in künstlerisch meisterhafter Schrift aus:

»Hier ruht gemeinsam, wenn du fragst, die Schar der Frommen:
Die ehrwürdigen Gräber enthalten Körper von Heiligen,
Das Himmelreich nahm ihre erhabenen Seelen fort.
Hier ruhen Sixtus und die Gefährten im Triumph über den Feind,
Hier die Zahl der ehrwürdigen Väter (d.h. Päpste), die den Altären Christi dient,
Hier ruht der Priester, der lang im Frieden lebte (vielleicht der hl. Papst Fabian),

Hier die heiligen Bekenner, die Griechenland entsandte,
Hier junge Männer und Kinder, Greise und reine Enkel,
Die es vorzogen, ihre Jungfräulichkeit zu bewahren.
Hier möchte auch ich, Damasus, ich gestehe es, einst meine Glieder bergen,
Doch fürchte ich, die Asche der Heiligen zu stören.«

Nach einjähriger Sedisvakanz wurde im Juli 259 Dionysius, gebürtiger Römer, zum Papst gewählt. Im Jahr 260 nahm Gallienus, nach dem Tod seines Vaters nunmehr allein regierend, die Edikte gegen die Christen wieder zurück, wohl unter dem Einfluß seiner diesem Glauben wohlgesonnenen Frau. Er erstattete der Kirche sogar das beschlagnahmte Eigentum zurück. So konnte sich der Papst der durch Irrlehren bedrohten Reinhaltung des Glaubens widmen und war für seine Güte und Milde allen Schwachen gegenüber bekannt. Am 27. Dezember 268 starb der hl. Dionysius und wurde in der Papstkrypta an einer noch nicht identifizierten Stelle zur Ruhe gebettet.

Ebenso noch unbekannt ist hier die genaue Grablege seines Nachfolgers Papst Felix I., der 269 das Petrus-Amt übernahm und die Kirche bis zum Jahr 274 leitete. Auch ihm und den ihm Anvertrauten war eine Zeit relativen Friedens vergönnt, in der er sich der rechten Verkündigung der Frohbotschaft widmete.

Der hl. Eutychian (275-283), nach dem hl. Felix I. Bischof von Rom, war der letzte in dieser Krypta beigesetzte Papst. Seine Grabinschrift befindet sich gegenüber der des Papstes Lucius. Auch unter Eutychian lebte die Kirche in relativem äußeren Frieden. Diese Ruheperiode dauerte nun schon fast 20 Jahre; sie hatte ein großes zahlenmäßiges Anwachsen der Gemeinde Christi zur Folge, war jedoch auch eine Zeit intensiven Ringens um das richtige Verständnis der christlichen Lehre. Meinungsverschiedenheiten über die Person Christi als wahrer Gott und zugleich wahrer Mensch, unterschiedliche Auffassungen über das genaue Verständnis der Lehre und Botschaft Jesu, ganz praktische Fragen wie der Umgang mit Christen, die in schwerer Zeit den Herrn durch das Kaiser-Opfer verleugnet hatten — die Handhabung und Lösung dieser Probleme kennzeichneten die Pontifikate Papst Eutychians wie auch seiner beiden Vorgänger.

So ist die Papstkrypta ein schweigendes Zeugnis dafür, daß die Kirche Christi damals bei allen Menschlichkeiten blühte und wuchs, und daß sie eine glaubhafte Martyrer-Kirche war. Hier hallt noch das Wort Christi nach:

»Du bist Petrus, der Fels, und auf diesen Felsen will ich meine Kirche bauen. Und alle Kräfte der Unterwelt werden sie nicht überwältigen!« (Mt 16, 18).

18

Caecilia lächelt

Der Tod eines Menschen bedeutet nicht das Ende der liebenden Gemeinschaft, sondern verändert nur die Form der Verbindung. Aus diesem tiefen Glauben heraus beteten die Christen für ihre Verstorbenen, sprachen mit ihnen an ihren Gräbern und baten um ihre Fürsprache bei Christus. Vor allem vertrauten sie sich den Menschen an, deren Glaubensleben oder Blutzeugnis sie von ihrer jetztigen Christusnähe überzeugte: den 'Hirten der Herde' und den Martyrern.
Von den Lebensdaten der hl. Martyrin Caecilia ist nichts genaues bekannt. Nach einer alten Überlieferung wurde sie als erste aus der reichen Patrizierfamilie der Caecilier in der ersten Hälfte des 3. Jhdts. von Papst Urban I. getauft. Ihr Vater verheiratete sie mit einem jungen adeligen Heiden, aber sie hatte schon vorher ihre Jungfräulichkeit Christus geweiht und weigerte sich deshalb, die Ehe zu vollziehen. Öffentlich widersetzte sie sich kaiserlichen Befehlen und verweigerte, deshalb angezeigt, auch das Kaiser-Opfer. Ihr Richter ließ sie nach Folterqualen köpfen — wie es heißt, mit 15 Jahren. Sie wurde in den Kallixtus-Katakomben beigesetzt, und in ihrer Grabkrypta entstand wohl Anfang 9. Jhdt. ein Fresko, das sie als Orante zeigt — lächelnd.

Die Christen, die hier am Grab dieser jungen Frau beteten, wußten aus den Erzählungen in der Gemeinde um diese Glaubenszeugin und ihr Schicksal:

Caecilia — eine Christin, die ihren Glauben weder in ihren Worten noch in ihrem Tun verbarg, und das in einer einflußreichen Adelsfamilie, welche das Christentum ablehnte, denn das war vom Staat verboten und auch gesellschaftlich nicht 'in';

Caecilia — eine Ehefrau, die sich ihrem Ehemann nicht hingeben wollte, weil sie sich schon lange vorher ganz und gar ihrem geliebten Christus geschenkt hatte;

Caecilia — eine römische Bürgerin, die das staatliche Verbot, hingerichtete Christen zu beerdigen unmenschlich fand, und es deshalb einfach und ganz selbstverständlich mißachtete;

Caecilia — eine junge Frau, mit ihren 15 Jahren eigentlich noch eine Jugendliche, die auch angesichts Folterqual und drohendem Tod bei ihrer Entscheidung für Christus blieb.

Caecilia als Orante. Kallixtus-Katakomben

Und hier konnten die Beter ihr Bild sehen, auf dem sie lächelnd Christus anbetet! Was mag ihnen dieses Fresko gesagt haben?

»Bedauerst du mich, weil ich so jung sterben mußte, und hast deshalb Mitleid mit mir? Staunst du über meine Glaubensstärke und Konsequenz und bewunderst mich gar? Vielleicht denkst du, ich hätte einfach etwas unauffälliger glauben sollen, mich mehr anpassen, schließlich kann man ja auch im stillen Kämmerlein beten und fromm sein. Oder du meinst vielleicht, was wiegt denn schon eine Handvoll Weihrauch vor dem Kaiserbild oder eine Unterschrift gegen ein Leben in Familie, Reichtum, Glück, vor allem gegen ein *Leben* mit fünfzehn Jahren! Schau einfach mal auf mein Lächeln...

Ich hatte mich taufen lassen, weil ich Jesus liebgewonnen habe. Vater Urban, unser Bischof, hat mir soviel von Jesus und Seiner Liebe zu uns Menschen erzählt. Das hat mich richtig gepackt und, weil Vater Urban selbst danach lebte, auch überzeugt. Da wußte ich: nun habe ich den wahren Sinn meines Lebens gefunden! An dem Tag, als ich getauft wurde, da war ich glücklich wie noch nie zuvor in meinem Leben. Alles, was ich bisher schon an Gutem und Schönem erlebt habe, das wurde noch viel, viel schöner, und vor allem tiefer. Und deshalb hatte ich mich Ihm ganz geschenkt.

Glaube an Christus und an Seine Botschaft von der Gottes- und Nächstenliebe ist für mich nicht eine persönliche Meinung, die ich äußern kann oder auch nicht, je nachdem, wie es gerade bequem ist für mich, oder anderen paßt. Entweder bin ich Christin und lebe danach, oder ich bin es nicht. Glauben, Lieben und Leben gehört doch zusammen, keines davon darf fehlen, sonst wird mein Leben, mein Glauben zur Lüge.

Sicher habe ich Angst gehabt vor Gericht, auch wenn ich das nicht gezeigt habe. Aber ich habe auch die Kraft Christi gespürt, weil ich Ihm die Treue halten wollte. Ich habe mein Leben auf Ihn hin gelebt, und deshalb war Er bei mir, wie ich jetzt bei Ihm sein darf. Ich habe alles auf eine Karte gesetzt, auf Ihn — und ich habe gewonnen, Ihn gewonnen.

Verstehst du jetzt mein frohes Lächeln? So wunderbar ist die Freundschaft mit Jesus, und so glücklich macht es, Ihm treu zu sein. Versuch's doch selbst, du wirst es sehen! Und wenn du möchtest, bitte ich Ihn auch für dich. Du siehst mich als Bild vor dir, und als Vor-Bild möchte ich dir helfen, denn auch du bist unendlich wertvoll für Christus — weil Er dich lieb hat«.

19

Der Tod des Soldaten Sebastian

Nach einer Überlieferung aus dem 5. Jhdt. entstammte Sebastianus einer vornehmen Mailänder Christenfamilie und schlug die Soldatenlaufbahn ein. Als fähiger Offizier fiel er Kaiser Maximian (286-310) auf, einem der Mitregenten Diokletians, und wurde zu den Prätorianern der kaiserlichen Leibwache nach Rom befohlen. Wie schon vorher bekannte er sich auch hier offen und frei zu Christus. Als Diokletian im Jahr 303 eine neue und blutige Verfolgungswelle anfachte, wurde der beliebte und geachtete Offizier als Christ angezeigt und vor Gericht gestellt. Er verweigerte die Anbetung des Kaisers als oberste Gottheit, wurde aus der Armee ausgestoßen und aller Ehren verlustig erklärt. Dann wurde er zum Tod durch Erschießen mit Pfeilen verurteilt und hingerichtet. Als Christen abends seinen Leichnam bergen wollten, bemerkten sie noch Lebenszeichen bei ihm. Heimlich wurde er gepflegt, aber als Halbgenesener meldete er sich wieder beim Kaiser. Erneut verweigerte er das Kaiser-Opfer, und diesmal wurde er endgültig getötet. Über seinem Grab in der nach ihm benannten Katakombe erhebt sich eine Basilika zu seinen Ehren.

In seinem Bemühen um den politischen, militärischen und moralischen Glanz des römischen Weltreichs hatte Kaiser Diokletian, nach jahrelanger stillschweigender Duldung der Christen, die Verfolgungsdekrete im Jahr 303 wieder in Kraft gesetzt und befahl deren strenge und genaue Durchsetzung. Dies betraf auch die Soldaten und Offiziere, denn die Legionen Roms waren der starke Arm des Staates, und Staatsfeinde im Heer — das war undenkbar.

Sebastians Treue-Eid galt Rom, verkörpert durch den Kaiser als seinem Oberbefehlshaber. Aber er war auf Jesus Christus getauft und gefirmt, Ihn betete er an als seinen Gott. Der Militärdienst ließ sich mit seinem christlichen Gewissen vereinbaren, nicht jedoch das Kaiser-Opfer. Verweigerte er dieses, zerrannen alle Karrierepläne und Zukunftsträume. Negative Konsequenzen für die Familie seiner Eltern waren nicht auszuschließen, aber Ehrverlust und der Tod waren ihm dann sicher.

Der Tod des hl. Sebastian. Marmorbild von Giorgetti in der Sebastians-Basilika über der Katakombe

Sein Gewissen zeigte ihm nur eine Möglichkeit: er konnte anbieten, dem Kaiser erneut die unbedingte und schon bewährte Treue zu schwören, ihn als Herrscher und Repräsentanten Roms anzuerkennen, um für ihn bis zur Hingabe seiner Gesundheit und seines Lebens zu kämpfen. Aber den Kaiser als Gottheit anbeten — nein! Es gab für Sebastian nur den Einen Gott, dem er ebenfalls die Treue geschworen hatte und den er allein anbeten wollte. Schon durch sein einwandfreies Leben hatte er Zeugnis abgelegt für Christus, auch am Kaiserhof mit all dem Luxus und manchen sittenlosen Ausschweifungen. Und dieser Richtschnur seines Gewissens wollte er weiter folgen, wenn es sein mußte, auch bis zum bitteren Ende — treu und konsequent. Er muß gewußt haben, daß ihm die Verweigerung des Kaiser-Opfers als Hochverrat ausgelegt würde, aber er nahm das unvermeidliche Todesurteil zur Hinrichtung mit Pfeilen aus Treue zu seinem Glauben auf sich. Selbst wenn es 'nur fromme Legende' wäre, daß er wieder gesundgepflegt wurde — seine Rückmeldung beim Kaiser entspricht seiner bedingungslosen Treue zu seinen Überzeugungen.

Sebastians Haltung wirft einige Fragen auf. Woran ist heute ein Christ zu erkennen, in seinem privaten und beruflichen Leben? Was ist in unserem Leben wirklich wertvoll, und wie zeigt sich das in unserem Alltag? Wem gilt unsere Treue, unser Einsatz, und für wen, für

Büste des hl.
Sebastian
von Bernini.
Sebastianskrypta
in der Katakombe

was lassen wir uns begeistern? Woran orientieren wir unser Gewissen und unsere Entscheidungen?

In der damaligen Zeit wurde ein Wort geprägt, dessen Wahrheit auch heute noch gilt: *»Das Blut der Martyrer ist Saatgut für neue Christen«*. Das Beispiel des hl. Martyrers Sebastian und der vielen anderen Blutzeugen, deren Namen wir nicht kennen, läßt das Geheimnis des von Gott geschenkten Glaubens durchscheinen. Aber ebenso deutlich wird, daß dieses Geschenk angenommen und gelebt werden muß. Dem Menschen, der dazu bereit ist, schenkt Gott auch die Kraft.

20

...Beispiele reißen mit

·Die geschichtliche Existenz der Soldaten Nereus und Achilleus steht fest, ihr Martyrium ereignete sich unter Diokletian, wohl im Jahr 304. Sie wurden in der Domitilla-Katakombe beigesetzt und bald sehr verehrt. Als Papst Damasus zu ihren Ehren über ihren Gräbern eine teilweise unterirdische Basilika erbauen ließ, gab es möglicherweise noch Zeitzeugen. Die dort gefundenen Original-Bruchstücke eines Damasus-Gedichtes über den Tod der Martyrer sind an der Rückwand der Basilika aufgestellt. Im Altarraum ist auf einem Säulenfragment die *Enthauptung des hl. Achilleus* als Relief erhalten, das mit ziemlicher Sicherheit aus der Entstehungszeit der Basilika stammt.

Nereus und Achilleus, Soldatenkameraden im Heer Diokletians, dürften wohl bei den Prätorianern Dienst getan haben. Diese in Rom stationierte kaiserliche Elitetruppe stellte auch die persönliche Leibgarde des jeweiligen Kaisers. Die Soldaten wurden jedoch nicht nur zur Palastwache eingesetzt, sondern auch herangezogen zur Durchführung von Sonderaufgaben. Dazu konnte die Verhaftung von Christen gehören, die Urteilsvollstreckung von Enteignung und Vertreibung ins Exil, oder auch der Vollzug der Todesstrafe.

Die Art und Weise, wie die Christen sich um ihres Glaubens willen der Verurteilung unterwarfen, wie sie Folterqualen durchstanden, aus denen ein Glaubenswiderruf sie sofort befreit hätte, wie sie betend, singend und einander Halt bietend sogar in den Tod gingen — das gab Achilleus und Nereus, beide Heiden, mehr und mehr zu denken. Als Soldaten waren sie die Begegnung mit dem Tod gewohnt, dem anderer Menschen wie auch der Möglichkeit des eigenen Sterbens im Kampf. Aber hier, beim 'beruflichen Umgang' mit den Christen begegnete ihnen etwas Unfaßbares. Woher schöpften die Christen denn eine solche Kraft, was befähigte sie zu einem solchen Mut und solcher Glaubensstärke? Was war das für ein Glaube?!

Und so verweigerten sie gemeinsam eines Tages die Ausführung weiterer derartiger Befehle und legten ihre Waffen nieder, bekannten sich sogar selbst zu Jesus Christus. Sie wurden sofort des Dienstes

Die unterirdische Basilika der hl. Nereus und Achilleus. Domitilla-Katakombe

enthoben und als ehrlose Verräter an ihrem Diensteid mit Schimpf und Schande aus der Garde entlassen und davongejagt. Noch während man sie hinaustrieb, wurden sie als Christen in Haft genommen und zum Kaiser-Opfer aufgefordert. Auf ihre Weigerung hin folgte ihre Verurteilung zum Tod durch Enthauptung und die Hinrichtung. An Nereus und Achilleus zeigte sich die Wahrheit eines alten römischen Sprichwortes:

Worte belehren,
aber es sind die Beispiele, welche mitreißen und überzeugen.

Säule mit der *Enthauptung des hl. Achilleus.* Unterirdische Basilika der Domitilla-Katakombe

21

Ein Gedicht für Bischof Eusebius

Der letzte Martyrer-Papst der Verfolgungszeit war der hl. Eusebius. Sein Grab in den Kallixtus-Katakomben wurde bald von vielen Christen besucht, denn sie verehrten in ihm einen Oberhirten, der in seiner kurzen Amtszeit durch seine Güte, Liebe und Barmherzigkeit die Herzen der Menschen erobert hatte. Auch diesem Bischof von Rom widmete der 'Dichter-Papst' Damasus bei der Ausgestaltung der christlichen Katakomben ein Denkmal in Form eines Gedichtes mit lateinischen Hexameter-Versen.
Die Originalplatte mit dem Eusebius-Gedicht von Papst Damasus ist bei den Katakomben-Plünderungen der beginnenden Völkerwanderungszeit fast völlig zerstört worden. Die wenigen Fragmente, welche de Rossi bei seinen Grabungen 1856 noch wiederfand, ließ er in eine Rekonstruktion einfügen und an der Stelle aufstellen, an der sich das Papstgrab befunden hatte. Gleichzeitig fand er eine wohl im 6. Jhdt entstandene Kopie dieses Gedichtes, das auf eine Marmorplatte aus der Zeit des Kaisers Caracalla (211-217) geschrieben war.

+ BISCHOF DAMASUS MACHTE (dieses Gedicht)
Heraclius verbot den Abgefallenen, ihre Sünde zu beklagen (d.h. zu beichten).
Eusebius lehrte die Unglücklichen, ihren Abfall zu bereuen.
Das Volk (Gottes) wird in Stücke gespalten mit wachsender Wut
Durch Aufruhr, Mord, Kampf, Zwietracht, Streit.
Aus dem Tempel (d.h. Rom) gleichermaßen vertrieben durch den wilden Tyrannen,
Obwohl er (Eusebius) als Hirte das Band des Friedens bewahrte,
Ertrug er das Exil, unterwarf sich freudig (Christus) seinem Herrn (und) Richter.
Am trinacrischen (d.h. sizilischen) Gestade verließ er Welt und Leben.
(für) EUSEBIUS (den) BISCHOF (und) MARTYRER.

Als Eusebius im Jahr 309 oder 310 zum Nachfolger des hl. Papstes Marcellus I. gewählt wurde, erlebte die Kirche in Rom seit einigen Jahren wieder eine Zeit relativen Friedens und der Ruhe. Kaiser Maxentius

Die Kopie des Damasus-Gedichts für Papst Eusebius. Kallixtus-Katakomben

(306-312), einer der Nachfolger Diokletians, hatte nämlich für seinen Herrschaftsbereich dessen Verfolgungsdekrete außer Vollzug gesetzt. Dafür stand der neue Papst vor einem innerkirchlichen Problem, das auch in der Öffentlichkeit Unruhe stiftete.

Es war schon immer einmal vorgekommen, daß Christen schwach wurden und dem Glauben durch das Kaiser-Opfer abschworen. Die römischen Bischöfe waren gegenüber diesen *»lapsi«,* den 'Abgefallenen', stets bereit gewesen zu Verzeihung und Wiederaufnahme in die kirchliche Gemeinschaft, wenn sie von Herzen bereuten und Buße taten. Zu dieser verzeihenden Liebe fühlte sich auch Eusebius verpflichtet, wohl gleichermaßen aus seinem mitfühlenden Herzen wie aus Hirten-Verantwortung für seine 'verlorenen Schafe'.

Aber es gab eine Gruppe von Fanatikern, lautstark angeführt vom Priester Heraclius. Sie vertraten die Ansicht, wer Christus einmal verleugnet habe, werde das in einer neuen Belastungprobe wieder tun. Solche Verräter seien nicht nur in der Ewigkeit, sondern auch in diesem Leben verdammt und von der Gemeinschaft mit Christus und Seiner Kirche ausgeschlossen. Auf die Milde, die Barmherzigkeit und Güte des Papstes reagierten diese 'Fundamentalisten' mit heftigstem Widerspruch, und immer mehr auch mit handgreiflichem Widerstand. Die Folge waren Unruhen in der Stadt Rom.

Kaiser Maxentius in Rom wurde immer stärker in die Auseinandersetzung mit Kaiser Konstantin verwickelt, seinem hauptsächlichen politischen und militärischen Gegenspieler. Dem Christentum gegenüber tolerant, hatte er im Jahr 311 der Kirche das unter Diokletian beschlagnahmte Eigentum und die Katakomben zurückgegeben. Aber es war Maxentius sehr daran gelegen, daß Unruhen unter den Christen ihm nicht noch zusätzlich die politische Lage in der Stadt und unter der Bevölkerung erschwerten. Kurzerhand löste er das Problem dadurch, daß er die beiden Unruhestifter, als die er sie ohne Unterschied ansah, in die Verbannung schickte. Eusebius erlag den Strapazen der Haft und des Exils in Sizilien, nachdem er das Hirtenamt möglicherweise nur etwa vier Monate innehatte. Einige Jahre nach seinem Tod wurde sein Körper nach Rom überführt und in dieser Krypta beigesetzt: Martyrer der Kraft verzeihender Liebe und Barmherzigkeit. Etwa 60 Jahre nach diesen Ereignissen beauftragte Papst Damasus den von ihm geschätzten Steinmetzen Furius Dionysius Filocalus mit der Gestaltung einer Gedenkplatte, für die er selbst ein Gedicht verfasst hatte.

Der Steinmetz Filocalus verewigte sich auf diesem Gedenkstein mit einer Widmung an seinen Auftraggeber, und so lesen wir, links und rechts von oben nach unten, daß dies *»des Papstes Damasus Verehrer und Freund Furius Dionysius Filocalus machte«*, d.h. schrieb. Die Schreibweise des Wortes *»PAPPAE«* verweist uns auf die ursprüngliche Bedeutung dieses Ehrentitels der römischen Bischöfe, nämlich 'Vater'.

Die für die Kopie gegen Ende des 6. Jhdts. verwendete Marmorplatte in der Mitte der Eusebiuskrypta verführt ein wenig zum Schmunzeln. Nicht nur, daß die Abschrift gegenüber dem Original nur eine mäßige Schriftqualität und einige Schreibfehler aufweist, vielleicht schon Generationen von Schülern zum Trost. Dann reichte auch das Geld für die damaligen Reparaturarbeiten wohl nur für eine gebrauchte Platte, die noch dazu die Lobhudelei eines Senators Sabinianus auf Kaiser Marcus Antoninus trug, bekannt unter seinem Beinamen Caracalla, auf einen Mann also, der während seiner Regierung 211 bis 217 die Christen sehr konsequent und blutig verfolgen ließ! Ironie der Geschichte? Und: die Inschrift des Sabinianus auf den Kaiser ist durchaus noch zu lesen. Sie steht auf der Rückseite, aber — auf dem Kopf! Auch so kann man zeigen, was 'verkehrte Welt' ist...

22

Geliebte Sofronia!

Immer wieder spricht in den Katakomben, über den Graben der Jahrhunderte hinweg, auch das Menschliche. Im *'Cubiculum der Sofronia'* in den Kallixtus-Katakomben z.B. lesen wir auf einem Grabplattenfragment den Name einer wohl sehr geliebten Verstorbenen: *Sofronia.* Die Buchstaben *»B(ivat) I(n) P(ace)«* unter ihrem Namen sprechen von der Glaubensgewißheit, daß sie nun im Frieden lebt. Möglicherweise war sie die Ehefrau eines *Felicissimus*, sein Name ist nicht vollständig erhalten. Aber zusätzlich begegnen wir in dieser Grabkammer einem Zeugnis inniger Liebe und tiefer Glaubenshoffnung...

Der Tod eines geliebten Menschen hinterläßt eine bittere und schmerzliche Lücke, eine Leere, aus der manchmal verzweifelt die Frage herausbricht: warum nur? Jedoch — eine logische Antwort darauf würde die Trauer nicht mindern, die Leere nicht wieder füllen. Für die

Grabplattenfragment mit der Inschrift für *Sofronia.* Kallixtus-Katakomben

Grafitti für *Sofronia* an der Wand gegenüber ihrer Grabplatte.
Kallixtus-Katakomben

Christen damals war der Tod eine genauso kümmervolle und harte Erfahrung wie für ihre heidnischen Mitmenschen. Aber sie hatten in ihrem Glauben Trost und Halt, denn Christus hat in Seinem eigenen Kreuz und Tod das menschliche Leid mitgetragen.

Trauern ist zutiefst menschlich, zeigt sich hier doch auch die Liebe der Zurückbleibenden, die nicht mit dem Tod des geliebten Menschen stirbt. Rechtes Trauern kann dankbar machen für das Geschenk, das der Heimgegangene mit seinem Dasein, mit seiner Liebe gemacht hat. Die Erinnerung daran und das Wissen, daß auch die Verstorbenen bei Jesus weiter in Liebe an die Zurückbleibenden denken, geben Trost und Kraft für die Zukunft.

Sofronia wurde zutiefst geliebt, und deshalb bei ihrem Tod sehr vermißt und betrauert. Wir finden nämlich, ihrer Grabplatte gegenüber in den Putz der Rückwand geritzt, ihren Namen noch zweimal wieder. Und noch heute sprechen diese Worte von der Liebe zur geliebten (wörtlich »süßen«) Sofronia, von der Sehnsucht nach ihr, und von der Erwartung eines wieder gemeinsamen Lebens bei Gott.

23

...bis der Tod uns scheidet

In der Priscilla-Katakombe ist im *'Cubiculum der Velatio'*, d.h. »der Schleiernahme« das Fresko zu bewundern, gegen Mitte des 3. Jhdts entstanden, nach dem diese Grabkammer benannt ist. Die reichhaltige Ausstattung der Grabkammer mit symbolischen Glaubensaussagen sollte nicht in erster Linie dazu dienen, den Reichtum der Familie zur Schau zu stellen oder ihre Frömmigkeit hervorzuheben. Der Glaube sollte sprechen, begeistern und Mut machen, ihn auch zu leben.

Die Schleiernahme war Bestandteil des damaligen bürgerlichen wie auch des christlichen Rituals der Eheschließung. In der linken Bildhälfte steht der Bräutigam mit dem Brautschleier über dem Arm neben seiner zukünftigen Ehefrau vor dem Priester oder dem Bischof, hier als bärtiger Greis sitzend dargestellt — ein Hinweis auf seine Vorrangstellung. In einer Hand hält die Braut eine Schriftrolle, den Ehevertrag mit allen Rechten und Pflichten der zukünftigen Eheleute, der mit der Eheschließung gültig wurde. Wenn sich dann die beiden vor Gott und den Anwesenden gegenseitige Liebe und eheliche Treue bis zum Tod versprochen hatten, wurde ihre damit geschlossene Ehe im Namen Christi gesegnet und im Namen Seiner Kirche als unauflöslich bestehend auch öffentlich bezeugt. Der Ehemann legte seiner Frau den Brautschleier über das Haupt, symbolischer Ausdruck der Verantwortung, die er nun für sie übernahm. Entsprechend dem damaligen Recht des heidnischen Rom unterstand sie damit nicht nur seiner liebenden Sorge und seinem Schutz, sondern auch seiner Rechtsgewalt als Oberhaupt der Familie. Derartige gesellschaftliche Vorstellungen und Rechtsgebräuche der Heiden waren damals auch für die Christen selbstverständlich, und darum bindend.

Auf der rechten Bildseite ist diese Ehefrau nun als Mutter dargestellt, die dem Haushalt der Familie vorsteht. Deshalb sitzt sie, mit einem ihrer Kinder auf dem Schoß, auf einem thronartigen Stuhl. Die Bildmitte zeigt die Vollendung ihres irdischen Lebens: sie steht nun als Orante, mit dem Schleier der ehrbaren Ehefrau über dem Haupt, froh und staunend anbetend in der himmlischen Freude bei Christus. Sie hält dort Fürsprache für ihre Lieben, auf die sie nun bei Ihm wartet. Die beiden Tauben an den Seiten und der Pfau in der Gewölbemitte des Arkosols versinnbilden den Frieden ewiger Freude und die Gewißheit der Auferstehung zu unvergänglichem Leben.

In den Verfolgungszeiten hielten sich die Christen Roms nicht versteckt. Sie lebten ihren Alltag in der Familie und im Beruf. Gar nicht selten fielen sie auf durch ihre saubere und feine Zurückhaltung gegenüber den oft gewalttätig-blutigen und vielfach auch sittenlosen öffentlichen Lustbarkeiten. Sie waren anders durch ihr Bemühen, ihren Alltag aus dem Glauben zu gestalten in Güte und Hilfsbereitschaft, die Reichen unter ihnen durch ihren achtungsvollen Umgang mit dem Dienstpersonal, alle aber in ihrem Bemühen um eine einwandfreie Lebensführung. Ein Beispiel ist das christliche Verständnis der Ehe als unauflösliche Gemeinschaft von Mann und Frau, als Liebesgemeinschaft, welche nicht nur durch Gefühle verbunden ist, sondern das Fundament ihrer Einheit in der Liebe Gottes findet, der *die Liebe selbst ist* (1 Joh 4, 8).

Gewiß gab es damals viele Heiden in Rom, die ihr Leben nach den Idealen der traditionellen Moral ausrichteten. Eheliche Treue und Pflichterfüllung aus gegenseitiger Liebe waren allgemein geschätzte Werte, aber die Ehe war eine durch Vertrag begründete Gemeinschaft, und des-

'Cubiculum der Velatio' in der Priscilla-Katakombe: *Die Schleiernahme*

halb auch aufkündbar. Und wir wissen auch aus heidnischen Quellen, daß in den 'besseren Kreisen' bis hinein in die Staatsspitze der Begriff der Ehe mehr und mehr seines Inhaltes als treue Lebens- und Liebesgemeinschaft beraubt würde. Aber auch allgemein gehörten außereheliche Verhältnisse zum 'guten Ton', ebenso Scheidungen und das Eingehen neuer, ebenso flüchtiger Beziehungen. Kinder, wenn sie nicht gerade zum Zweck der Vererbung von Familientradition und -vermögen gezeugt wurden, galten oft eher als Last und auch als Gesundheitsrisiko für die Frauen; die Dienste von Abtreibungs-Spezialistinnen waren leicht in Anspruch zu nehmen.

Das lebten die Christen anders. Die Eheleute verbanden sich in gegenseitiger Liebe, gelobten einander unverbrüchliche Treue in der Anwesenheit Jesu, sagten Ja zum gemeinsamen Leben miteinander und mit ihren Kindern »bis der Tod uns scheidet« für eine kleine Weile. Denn bei Christus werden sie ewig vereint sein, vor Ihm gelobten sie dies einander, und mit Seinem Segen begleitete Er selbst sie. Und von Ihm durften sie sich die Kraft erbitten, die sie für ihr gemeinsames Wachsen miteinander und aufeinander zu benötigten, für ihre Liebe, für ihr gegenseitiges Schenken und Nehmen, für die gemeinsame Wegsuche, die auch das Verzeihen und die Bereitschaft zum Überwinden aller Schwierigkeiten mit einschließt. Liebe ist ja mehr als ein Gefühl, Liebe — das sind Worte *und* Taten.

24

Endstation Mausoleum

Für die Heiden endete die menschliche Existenz mit dem Tod, und die nachfolgende Verbrennung war nur der konsequente Ausdruck dieser Einstellung. Die einzige Form eines Weiterlebens, die ihnen vorstellbar war, stellte das Gedenken der nachfolgenden Generationen dar. Dem dienten nicht nur die vielen Säulen, Triumphbögen, Kolossalstatuen, sondern auch Grabdenkmäler oder Mausoleen, in denen manchmal die Asche der Verstorbenen in Urnen oder Sarkophagen aufbewahrt wurde. Der Rundgang durch den ältesten Teil der Sebastians-Katakombe führt den Besucher auch an drei heidnischen Mausoleen vorbei.

Der Götterglaube der römischen Antike ließ die Menschen auf das Diesseits schauen. Ein vorbildliches, tugendhaftes und sittenstrenges Leben konnte durchaus von den Göttern mit irdischem Wohlstand und Glück belohnt werden — wenn sie geehrt und ihnen die gewünschten Opfer dargebracht wurden. Aber selbst dann konnte man Pech haben, denn die Wege der Götter waren sehr verworren und dem Menschen uneinsichtig. Selbst geschaffen oder von Eltern gezeugt, unterschieden sich die Götter von den Menschen eigentlich nur durch ihre Unsterblichkeit: sie stritten miteinander, manche vertrugen sich dann wieder, andere blieben Todfeinde. Sie hatten ihre Lieblinge unter den Menschen, feierten Gelage, betrogen und belogen einander. Sie gingen auf die Jagd, brauchten ihren Mittagsschlaf, kannten Eifersucht und Ehebruch, handelten nach Lust und Laune — sehr menschlich! Und danach soll man sich im Leben richten? Ehrenhafte und tugendsame Menschen existierten zwar im 'Reich der Schatten' weiter, aber nur dadurch, daß sie auch im Andenken der Nachfahren lebendig blieben, und nur insofern war dies auch ein persönliches Weiterleben. So wundert es nicht, daß für die heidnischen Römer die persönliche Existenz mit dem Tod beendet war, auch rechtlich. Das gesetzliche Verbot jeder Bestattung innerhalb der Stadtmauen hat gewiß nicht nur hygienische Gründe, es ist auch Ausdruck der Einstellung dem Tod und den Verstorbenen gegenüber.

Die Reichen und Adeligen besaßen oft entlang der Staatsstraßen ein privates Friedhofsgrundstück, auf dem die Urne oder auch ein

Eingang zu den *unterirdischen heidnischen Mausoleen* in der Sebastians-Katakombe

kunstvoll verzierter Sarkophag mit der Asche in einem persönlichen oder einem Familien-Mausoleum aufgestellt und verwahrt wurde. Bei manchen von ihnen ist noch heute zu ahnen, wieviel Ehrgeiz, nicht vergessen zu werden, da hineingesteckt wurde. So waren die heidnischen Mausoleen in der Sebastians-Katakombe mit bemaltem Stuck, Fresken und Ornamenten verziert; Blumengirlanden oder auch Tauben, die eine Perlenkette spannen, erinnern z.B. an ein Ehepaar. Diese reich geschmückten Grabstätten beweisen erlesenen Kunstgeschmack — und viel Geld.

Dagegen sind die Christengräber in den Katakomben zum großen Teil sehr schlicht gehalten. Die vielen Armen hatten nicht das Geld, sich Grabplatten aus einfachem Marmor oder Kalkstein zu kaufen. Viele Gräber wurde deshalb mit Ziegeln und Tonplatten verschlossen, auch diese nicht selten beschriftet oder mit Symbolen versehen, aber weniger haltbar. Arm oder reich, aus vornehmem Adel oder als Sklave oder Freigelassener, Mitglied des Klerus oder Laie — das spielte bei den damaligen Christen keine vorrangige Rolle, denn weitaus wichtiger war die gemeinsame und alle verbindende Zugehörigkeit zu Christus.

Medusa,
Deckenfresko in einem der heidnischen Mausoleen der Sebastians-Katakombe

Sicher hat es damals reiche Christen gegeben, welche sich den »Luxus« einer schön ausgestalteten Grabkammer leisten konnten. Die Fresken und Inschriften sollten dann den Glauben an Christus bekennen und für die Gemeinde Seine Lehre verdeutlichen. Aber auch die Schlichtheit der vielen anderen Gräber enthält eine Glaubensbotschaft. Sie kündet vom Vorübergehenden, vom Vorläufigen dieses Ruheplatzes, denn mit der Wiederkunft Christi wird der große Augenblick kommen, an dem alle diese gemeinsame Wartehalle wieder verlassen werden, um auf ewig mit Ihm in froher und liebevoller Gemeinschaft zu leben.

Wie innerlich arm, hohl und leer stehen dem gegenüber die schönen, kunstvoll gebauten und geschmückten Mausoleen. Auch wenn die todbringende Medusa mögliche Grabfrevler abschrecken sollte — hier gab es nichts als die entpersönlichte Asche, und nichts als die Hoffnung, wenigstens den Namen im Gedächtnis der Nachwelt zu erhalten. Die Armen, die Einfachen, die Sklaven, die hatten oft nicht einmal das. Die lohnten kein Andenken, hatten ausgedient bei ihrem Tod. Ihre Asche zerstob im Wind, spurlos bei Göttern und Menschen.

25

Die »Predigt« eines Kindes

Stellen wir den Bildern und Gedanken des vorhergehenden Kapitels die Aussagen eines in das 4. Jhdt. datierten Kinder-Sarkophags aus den Kallixtus-Katakomben gegenüber.

In der Mitte des Deckels halten zwei Putten ein Täfelchen für den Namen des Kindes. Links von ihnen steht Noah in der Arche, die Arme erwartungsvoll der Taube entgegengestreckt, und diese bringt als verheißungsvolles Zeichen des Neubeginns für alles Leben einen Zweig vom Ölbaum mit. Die Arche wird noch von Wasser umspült, welches die Sünde und die Schuld der Menschen weggewaschen hat. Dieses Wasser erinnert an das reinigende Bad der Taufe, durch die für den Christen — wie für dieses Kind — das neue Leben der Gnade seinen Anfang nimmt. Die Richtung dafür weist das Gesetz Gottes, welches der Prophet rechts der Putten in seiner Hand hält und auf das er mahnend hinweist. Es ist das eine Gesetz der Gottes- und der Nächstenliebe, nach dem Wort Jesu Grundlage und Zusammenfassung aller Gebote (Mt 22, 37-40).

In der Mitte des Sarkophags selbst ist das verstorbene Kind als Orant dargestellt. Vielleicht reichte bei diesem Kind die Zeit zwischen seinem Tod und der Beisetzung nicht, hier auch noch sein Gesicht einzuschneiden. Welches Schicksal mag sich dahinter verbergen? Jedenfalls ist es nicht allein, denn ihm zugewandt stehen an seinen beiden Seiten zwei Heilige, oft als die Apostelfürsten Petrus und Paulus verstanden.

Die Geschichte von Daniel in der Löwengrube (vgl. Dan 14) nimmt die linke Seite ein. Daniel, wegen seines Bekenntnisses für den Einen Gott in eine Grube mit sieben hungrigen Löwen geworfen, wurde von Jahwe nicht im Stich gelassen. Ein Engel packte den Propheten Habakuk, der gerade ein Mahl für die Erntearbeiter bereitet hatte, beim Schopf und trug ihn mit der Nahrung zum gefangenen Daniel, in Orantenstellung zwischen zwei der Löwen zu sehen. Habakuk reicht Daniel die Schüssel mit einem Stück Brot. Das Christusmonogramm darauf zeigt das Besondere dieser Nahrung, auf die auch die Person links von Daniel, wohl der Engel, hinweist: das heilige, das eucharistische Brot, der Leib Christi. Gott verläßt niemanden, der traurig ist oder in Not und Bedrängnis.

Rechts an die Mittelgruppe schließen sich zwei neutestamentliche Begebenheiten an. Bei der Hochzeit zu Kanaan (Joh 2, 1-11) wurde Wasser in die leeren Weinkrüge geschüttet, und Jesus bewirkte die Wandlung des Wassers in Wein, einen köstlichen Tropfen übrigens, wie nachzulesen ist. Welche Freude hat Er damit geschenkt, welche Hilfe für den sonst wohl recht beschämten Gastgeber. Aber in Verbindung mit dem besonderen Brot, das Habakuk dem Daniel reicht, erinnert dieser Wein auch an das so stärkende und tröstliche Wort Christi: *»Wer von Meinem Leib ißt und von Meinem Blut trinkt, der hat das ewige Leben, und Ich werde ihn auferwecken am letzten Tag!«* (Joh 6, 54).

Noch weiter rechts erkennen wir die Auferweckung des Lazarus (Joh 11, 1-44). Machtvoll ruft Jesus Seinen Freund mit all seinen Totenbinden in das Licht und schenkt ihm so neues Leben. Das ist ein so unglaubliches und völlig unerwartetes Wunder, daß sogar die Schwester des Lazarus, trauernd neben dem Grab in sich vertieft, es nicht gleich merkt.

Kindersarkophag in den Kallixtus-Katakomben

So war dieser Kinder-Sarkophag ein Glaubensbekenntnis zum Trost der Angehörigen des Kindes, und eine Art Predigt für die damaligen Besucher.

Allgemein werden den beiden Gesichtern auf den Seiten des Sarkophags nur ornamentale Bedeutung zugemeßen. Vielleicht aber, als vorwärts- und zurückschauend gedeutet, erinnern sie an etwas Lebens-Wichtiges: du stehst *jetzt* hier, in deiner Zeit, die dir zur Verfügung gestellt ist, und die einmal enden wird wie bei jedem Menschen. Schau bei deinem Planen und Handeln immer auch nach vorn auf die möglichen Folgen deines Handelns, denn einmal wirst du auf sie unwiderruflich als *vergangen* sehen. *Daß* du zurückschauen mußt, das ist dir gewiß. *Wie* du dann zurückblicken kannst, das hast du jetzt in deiner Hand.

26

Menschen wie du und ich

Es müssen Tausende gewesen sein, die in den Verfolgungswellen über einen Zeitraum von etwa 250 Jahren in Rom und Umgebung ihre Treue zu Christus mit dem Leben bezahlten. Nur bei wenigen von ihnen wissen wir noch ihren Namen, und vielleicht noch die Umstände ihres Martyrertodes. Aber beschäftigen wir uns jetzt einmal mit den 'normalen Christen', die z.T. heute noch in ihren unterirdischen Gräbern ruhen. Die Zahl der Christen aller Alters- und Standesgruppen, die eines natürlichen Todes starben und in Katakomben zur Ruhe gebettet wurden, übersteigt bei weitem diejenige der Blutzeugen. Manche Grabinschrift oder eingeritzte Zeichnung in eine Verschlußplatte, manches Fresko in einer Grabkammer lassen etwas spüren von dem, was die Menschen damals bewegte, wie sie ihren Alltag gestalteten, und was ihnen ihre Angehörigen wie ein kleines Denkmal gesetzt haben: Eltern ihren Kindern oder Kinder ihren Eltern, Eheleute einander, Berufskollegen — eben Menschen. Lassen wir einmal die Gräber derer 'sprechen', von denen niemand mehr spricht.

Es ist unmöglich, die Größe der Christengemeinde in den ersten Jahrhunderten auch nur annäherungsweise zu schätzen. Noch sind längst nicht alle bekannten Katakomben vollständig ausgegraben und erforscht, und einige damals mit Sicherheit vorhandene sind noch gar nicht aufgefunden worden. Die große Zahl einfacher Gräber in den christlichen Katakomben weist nur darauf hin, daß die Christen vielfach aus den Bevölkerungskreisen stammte, an die sich Jesus selbst bei Seiner Verkündigung gewandt hat, die Kleinen, die Bedürftigen und Notleidenden.

Die Zahl erhaltener Grabinschriften ist relativ gering, aber immerhin sind es noch etliche Tausende. Manchmal enthüllen sie außer den Namen auch etwas über den dahinter oder darunter begrabenen Menschen und ermöglichen damit interessante Feststellungen. So lag bei einer möglichen Lebensspanne bis etwa 90 Jahren die durchschnittliche Lebenserwartung nur zwischen 20 und 30 Jahren; der Unterschied für Frauen und Männer war nicht allzu groß, jedoch zu Ungunsten der Frauen. Nur etwa zwei Drittel der Kinder erreichten überhaupt das fünfte Lebensjahr. Viele Mütter starben, oft zusammen mit dem Neugeborenen, bei oder kurz nach der Geburt des Kindes.

Grabplatte aus Ton mit dem gemalten Namen *Iulia.* Beinerne Gliederpuppe, eingemauert. Beide in der Priscilla-Katakombe

Die Ernährungslage und die hygienischen Umstände, die klimatischen Bedingungen Roms vor allem im Sommer, die Not und das Elend der Massen begünstigten nicht nur die ohnehin hohe Kindersterblichkeit, sondern beeinträchtigten auch die Lebenserwartung vor allem der Armen. Bei den einigermaßen Reichen, den 'gehobenen Schichten' lag der Erwartungsdurchschnitt deutlich höher.

Vergessen wir nicht: solch nüchterne Aussagen und Zahlen bedeuten menschliche Schicksale. Was mögen die armen Eltern der kleinen *Julia* empfunden haben? Wieviel Liebe spricht aus dem Püppchen, neben einem Kindergrab halb eingemauert, um die Ruhestätte des Kleinen auch ja wiederfinden zu können! Und *Cyriaca* bleibt ihren Eltern mit ihrem Reifenspiel in liebender Erinnerung. Manchmal findet die Trauer wie die frohe Gewißheit des Wiedersehens nur Ausdruck in einem Glaubenssymbol und dem Namen: (du mein) *Augurinos*!

Man heiratete damals recht früh. Die eheliche Treue und Liebe der Verstorbenen werden häufig hoch gepriesen. Da kann doch zu denken geben: *»Für die heiligmäßige und unvergleichliche Flabia Speranda, welche mit mir in der Ehe 28 Jahre und 8 Monate ohne jeden Zorn (d.h. Ehestreit) zusammen lebte. Onesiferus machte (dies) für die vornehme und wohlverdiente Gattin«*.

Das Berufe-Verzeichnis der Christen umfaßt die ganze Bandbreite der damals üblichen Tätigkeiten: Handwerker, Händler, einfache Angestellte der öffentlichen Dienste, aber auch Lehrer, Ärzte, Dentisten,

Grabplatte für *Cyriaca*. Domitilla-Katakombe

Grabplatte in griech. Schrift für *Augurinos.* Kallixtus-Katakomben

Notare, Hofbeamte, Großhändler, Soldaten und Offiziere. Ab und zu war der Beruf auf der Grabplatte geschrieben, machmal findet sich auch Berufstypisches abgebildet. So ließ der Fischhändler *Julius Marius Silvanus* seine Grabplatte noch zu seinen Lebzeiten für sich und seine Frau anfertigen, *»damit sie in Gott leben«*. Einige Grabkammern lassen vermuten, daß christliche Mitglieder einer Zunft oder Be-

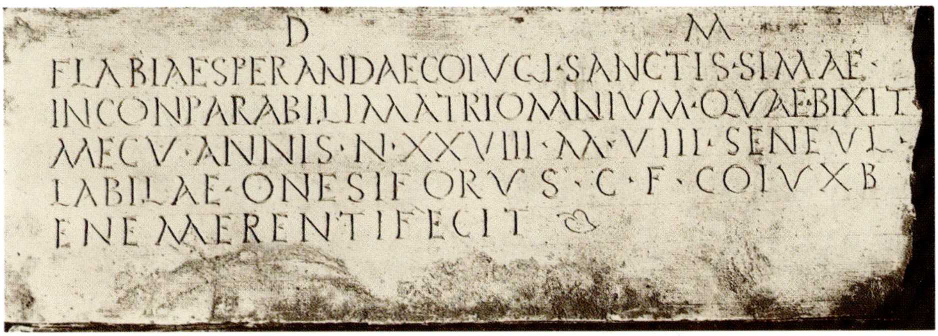

Grabplatte für *Flabia Speranda.* Domitilla-Katakombe

Grabplatte für den Fischhändler *Iulius Marius Silvanus* und seine Frau. Petrus-Marcellinus-Katakombe

rufsgruppe auch im Tod gemeinsam ausruhten. Im *'Cubiculum der Böttcher'* in der Priscilla-Katakombe sind einige dieser Faßmacher bei der Auslieferung gemalt, und im 16. Jhdt. hat der Forscher Antonius Bosius hier seinen Namen hinterlassen.

Die Christen damals waren Menschen wie alle ihre Zeitgenossen. Sie hatten ihre Sorgen, Ängste und Nöte. Sie wollten sich freuen und glücklich sein, sie hatten ebenso ihre Wünsche und Träume, sehnten sich nach Geborgenheit und Liebe. Sie kannten Enttäuschung und Ärger, ebenso auch das 'kleine Glück des Augenblicks'. Als Eheleute wußten sie, daß der Alltag nicht nur Rosen streut, daß Liebe und Treue nicht aus der Zuckerdose fallen, nicht nur eine Gabe sind, sondern vor allem und stets auch eine gemeinsame Aufgabe. Nur bemühten sie sich darum, mit dem Eheversprechen auch ernst zu machen.

Ihre Kinder werden damals manchmal über das Unverständnis und die total veralteten Ansichten der Erwachsenen gestöhnt haben — im Wissen, daß sie sich letztlich doch auf 'die Großen' verlassen können. Und die Klagen über 'die Jugend von heute' sind so alt, wie es Erwachsene gibt, die unter ihrem eigenen Älterwerden leiden. Das Leben in der Christengemeinde war nicht immer Friede, Freude, Eierkuchen. In dieser Hinsicht sind schon einige der Apostelbriefe recht aufschlußreich, und auch die Lebens- und Leidensgeschichten einiger Päpste sprechen davon. Das Zusammenleben von alt und jung, von arm und reich hatte schon seine Haken, aber eben auch seine Ösen.

Die Christen hatten mit Sicherheit ihre Fehler und Schwächen, kannten Versuchungen, Versagen und Schuld. Sie wußten jedoch auch

'Cubiculum der Böttcher'. Priscilla-Katakombe

um den Weg, der da wieder herausführt: die Bitte um Verzeihung, die Wiedergutmachung, die Vergebung im Sakrament der Wiederversöhnung. Nicht alle von ihnen haben den Belastungen der Verfolgungen standgehalten — wer mag da Richter sein? Sie waren eben Menschen wie du und ich.

Die Katakomben erzählen von dem Grund, aus dem sich das Leben der damaligen Christen von dem ihrer heidnischen Zeitgenossen unterschied. Sie geben Zeugnis davon, daß sie ihr Leben aktiv in die Hand nahmen, selbst da, wo sie passiv leiden mußten, und von der Kraftquelle dafür. Sie ließen nicht zu, daß sie gelebt wurden, ließen sich nicht von Augenblick zu Augenblick treiben. Sie hatten ihr festes Fundament, das ihrem Leben den tiefsten Sinn und sichersten Halt gab. Und das machte sie froh, schenkte Optimismus und Zuversicht, denn das *ist* Glück: der Glaube an Jesus Christus. Davon kündet jedes Grab, jede Inschrift, jedes Fresko und jeder Sarkophag.

Aber auch in ihrem Gesamt sind die Katakomben ein großartiges Glaubenszeugnis. Sie konnten nur entstehen, weil dahinter die geballte lebendige Kraft einer Gemeinschaft stand, die sich mit ihrem Oberhirten und untereinander verbunden wußte durch ein dreifaches Band:

durch den starken und stärkenden *Glauben* an die Wahrheit der Frohbotschaft Jesu, durch die unerschütterliche *Hoffnung* auf die verheißene Auferstehung und das ewige Leben bei Ihm, und vor allem durch die alle einigende und auch die lieben Verstorbenen einschließende *Liebe* zu Gott, die sich in der praktizierten Nächstenliebe im Alltag beweist.

Für diesen Glauben machen die Katakomben keine Werbung, sind keine laute Reklame. Die Stimmen der Tiefe sprechen eher leise und unaufdringlich von den wichtigsten Fragen des Menschseins: von der Sehnsucht nach Glück und Sinnfindung, von der Frage nach dem Woher und Wohin des Menschen. Sie zeigen den Weg zur Erfüllung dieser Sehnsucht, zur Antwort auf diese Kernfragen, den Weg, den damals viele Menschen gefunden haben und gegangen sind.

Sie sind eine — heute oft verdrängte — Erinnerung daran, daß auch unser Suchen und Fragen, unser Weg einmal ein Ende haben wird. Und es gilt, heute wie damals, die Einladung Jesu:

»Ich bin der Weg, die Wahrheit, und das Leben«.

INHALT

VATIKANISCHE DRUCKEREI